光辉历程
GLORIOUS COURSE

中国特色社会主义理论与实践
The Theory and Practice of Socialism with Chinese Characteristics

沈 阳◎著

中央编译出版社
Central Compilation & Translation Press

目 录

引言 苏联模式影响中国社会主义 …………………………… 3
  一、关于苏联模式 ………………………………………… 3
  二、中国选择社会主义 …………………………………… 5
  三、马克思主义的中国化 ………………………………… 7
  四、苏联模式对中国社会主义的影响 …………………… 11

第一章 毛泽东探索社会主义的宝贵经验 …………………… 17
  一、研究毛泽东社会主义建设宝贵经验的原因 ………… 19
    （一）改革开放处于重要战略机遇期需要研究毛泽东
          社会主义建设宝贵经验 ………………………… 20
    （二）毛泽东社会主义建设宝贵经验的研究面临
          新机遇、新挑战 ………………………………… 21
    （三）认真贯彻落实党的十八大提出的明确要求
          的现实需要 ……………………………………… 23
  二、毛泽东艰辛探索社会主义建设的宝贵经验 ………… 24
    （一）坚持把马列主义基本原理与中国社会主义
          建设的实际相结合 ……………………………… 25
    （二）坚持把发展社会生产力与探索社会主义商品
          经济规律相结合 ………………………………… 30

（三）坚持把认清社会主义发展阶段与正确处理各种
　　　　矛盾相结合 ………………………………………… 37
　　（四）坚持把学习借鉴苏联经验与坚守独立自主基本
　　　　原则相结合 ………………………………………… 41
三、毛泽东为人民服务精神的时代价值 ………………………… 45
　　（一）为人民服务价值观具有深厚的哲学基础 ………… 46
　　（二）为人民服务是中国共产党人一以贯之的
　　　　价值选择 …………………………………………… 48
　　（三）中国特色社会主义需要弘扬为人民服务
　　　　的价值观 …………………………………………… 51
四、毛泽东社会主义建设宝贵经验研究的意义 ………………… 52
　　（一）毛泽东社会主义建设宝贵经验研究的理论意义 … 53
　　（二）毛泽东社会主义建设宝贵经验研究的现实意义 … 54
　　（三）毛泽东社会主义建设宝贵经验研究的奠基意义 … 56

第二章　邓小平开创中国特色社会主义 …………………………… 63
一、中国特色社会主义形成的时代条件和外部环境 …………… 63
　　（一）中国特色社会主义形成的时代条件 ……………… 64
　　（二）开启改革开放的外部环境 ………………………… 68
二、总结经验的基础上探索中国特色社会主义 ………………… 71
　　（一）毛泽东探索社会主义的经验与教训 ……………… 71
　　（二）邓小平开启的改革开放伟大实践 ………………… 77
三、中国特色社会主义的战略思路及基本架构 ………………… 85
　　（一）中国特色社会主义的战略思路 …………………… 85
　　（二）中国特色社会主义的基本架构 …………………… 88
四、坚持四项基本原则是发展中国特色社会主义的根本 …… 106

目 录

第三章 "三个代表"重要思想对中国特色社会主义的深化发展 …… 115

一、"三个代表"重要思想的提出和形成 …………………… 116
 （一）"三个代表"重要思想的提出 ………………… 116
 （二）"三个代表"重要思想的科学内涵 …………… 120
 （三）"三个代表"重要思想是辩证统一的科学
    理论整体 ………………………………………… 122

二、"三个代表"重要思想的突出贡献 …………………… 124
 （一）经济理论的重大突破 ………………………… 124
 （二）三大文明建设的全面展开 …………………… 126
 （三）生产力和科学技术理论的新发展 …………… 127
 （四）文化建设的进一步丰富 ……………………… 129
 （五）人的全面发展理论的新高度 ………………… 131
 （六）党建理论的创新性突破 ……………………… 133

第四章 科学发展观指导下构建社会主义和谐社会 …………… 137

一、坚持科学发展观推进中国特色社会主义 …………… 138

二、中国特色社会主义和谐社会的理论基础 …………… 141
 （一）和谐社会思想根植于中国悠久的历史文化 …… 141
 （二）和谐社会思想常见于空想社会主义代表
    人物的思想 ……………………………………… 146
 （三）和谐社会思想依托于马克思恩格斯的
    和谐社会思想 …………………………………… 149

三、构建和谐社会是中国特色社会主义的本质要求 ……… 155
 （一）社会主义的本质要求 ………………………… 156
 （二）社会主义本质要求的和谐社会 ……………… 166

（三）按照社会主义本质要求构建和谐社会 …………… 175

第五章　实现中华民族伟大复兴的中国梦 …………… 191
一、中国梦的提出和发展历程 …………………………… 191
　（一）中国梦的提出过程 ………………………………… 191
　（二）中国梦实现的阶段和特征 ………………………… 193
二、"四个全面"战略思想对建设中国特色社会
　　主义的提升 ……………………………………………… 195
　（一）"四个全面"把建设中国特色社会主义
　　　　提高到新水平 ……………………………………… 196
　（二）"四个全面"把建设中国特色社会主义
　　　　推进到新阶段 ……………………………………… 197
　（三）"四个全面"翻开了建设中国特色社会
　　　　主义新篇章 ………………………………………… 198
三、五大发展理念点亮中国特色社会主义 ……………… 200
　（一）五大发展理念刷新了建设中国特色社会主义
　　　　发展理念 …………………………………………… 200
　（二）五大发展理念照亮了建设中国特色社会主义
　　　　的新征程 …………………………………………… 203
　（三）五大发展理念绘就了推进全面建成小康社会
　　　　伟大蓝图 …………………………………………… 205

结束语　坚定中国特色社会主义信心 ………………… 209
参考文献 ………………………………………………… 212
后记 ……………………………………………………… 218

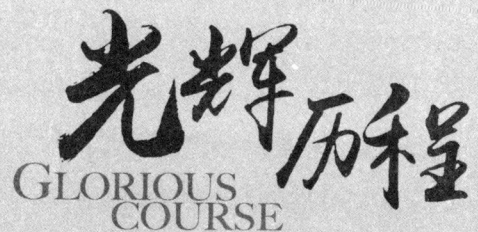

中国特色社会主义理论与实践
The Theory and Practice of Socialism with Chinese Characteristics

引 言

苏联模式影响中国社会主义

引言　苏联模式影响中国社会主义

苏联模式作为世界上第一个也是最重要的一种社会主义模式，对世界社会主义运动及社会主义建设产生了重大影响。中国作为一个社会主义国家，也不可避免的受到苏联模式的影响。苏联模式全称为苏联社会主义模式，又称传统苏联模式或者斯大林模式，是苏联经过20世纪二三十年代的工业化、农业集体化而逐渐形成的一套政治、经济、文化和对外关系体制。苏联作为世界上第一个成功的社会主义国家，其发展模式理所当然地对其他社会主义国家产生重大影响。由于历史的原因，苏联模式曾经对我国社会主义产生过重要影响。那么，我国是为什么、怎么样以及在何种程度上受到了苏联模式的影响呢？

一、关于苏联模式

苏联模式是马克思主义发展到特定历史阶段，伴随着苏联社会主义建设而逐渐形成的一种社会主义模式。它是马克思列宁主义在苏联社会主义建设中的现实转化，是马列主义的物质化或者说模式化。但是，马克思主义科学社会主义的基本特征在苏联模式中并没有得到全面的体现。从形成途径看，苏联模式是通过极端行政手段采用"自上而下的革命"建成的，这与马克思主义关于生产发展的"自然历史过程"论有着根本区别。从体制上看，苏联模式虽然在表面上创建起高纯度的公有制计划经济，但其指令性和国家所有制性质与马克思关于未来社会由社会占有全部生产资料的设想有着内在的差异；政治上，在"建成"社会主义之后，苏联模式过分强化国家政权的做法，与马克思、恩格斯关于过渡时期之后国家镇压职能弱化的论述是有差别的；在人的解放方面，苏联社会也远未建立起"自由人联合体"；至于分配上的按劳分配和组织上的民主集中制原则在苏联模式中也都未得到全面的贯彻，等等。概言之，苏联模式是科学社会主义在落后国家不完整的运用和实践。

20世纪社会主义革命和建设，基本上都是以苏联模式为依据而展开的。如上所述，由于苏联模式本身已不是完整的马克思主义的科学社会主义，因此以其为依据的马克思主义的传播就必然是带上苏联模式特征的马克思主义。因此，在考察马克思主义中国化时，就必须特别考虑到苏联模式的影响和作用，在探讨建设中国特色社会主义时，也必须特别考虑到苏联模式的作用和影响。

马克思主义的革命宗旨，本是推翻生产力高度发达的、已经在一定程度上实现现代化的资本主义制度，建立社会主义制度，最终实现人的解放，实现人的自由而全面的发展。因此，从社会发展的角度看，马克思主义所要解决的是社会主义和共产主义的目的问题。但苏联落后的经济发展水平，却使苏联不得不暂时放弃人类大解放的使命，首先进行工业化。因此，苏联模式的首要任务就是实现工业化，它本身是社会主义建设的一种模式选择。这是苏联模式与马克思主义的又一重大区别。尽管苏联模式在社会主义建设方面取得

引 言
苏联模式影响中国社会主义

了惊人的成就，在十多年内就使苏联迅速完成了社会主义建设进程中最主要的环节——工业化，但这与上面的论述并不矛盾。

于是，苏联模式对世界的影响就有共产主义的传播和社会主义模式的影响两个方面。美国前国家安全事务助理兹·布热津斯基在其《大失败》一书中承认，苏联模式的成就造成了巨大影响。布热津斯基指出："在过去40年中，依靠国家采取行动来对付经济和社会弊端的倾向四处流行。""把国家当作救助社会的主要手段的做法间接地提高了苏联制度的地位，因为苏联制度是国家计划和国家指导的社会革新的最典型的样板。""这种趋势不可避免地促使新创立的几十个原殖民地国家最初采用各种各样的国家社会主义建国方针。其中不少国家最初从苏联的经验中寻求灵感，并把苏联的经验当作仿效的样板，而上述趋势则大大促进了这种做法。在50年代和60年代许多第三世界国家赞颂苏联模式是现代化和社会主义的最佳最快的途径。"[①] 尽管布热津斯基对20世纪共产主义根本上是持否定态度的，但前述所引的这些论述对苏联模式的成就以及影响却是公正的。

二、中国选择社会主义

中国社会主义曾经有过"高度苏化"的历史过程。在鸦片战争后日渐衰朽的百年中，中国人民所努力探寻的就是救亡和图强之路。二三十年代曾经活跃一时的各种"中体西用"、"中国本位"、"西

---

① 〔美〕兹·布热津斯基：《大失败——二十世纪共产主义的兴亡》，军事科学院外国军事研究部译，军事科学出版社1989年版，第10—11页。

化"、"全盘西化"等等争论，就是种种关于救亡和图强的思潮。无论是"西化"、"全盘西化"，还是"中体西用"、"中国本位"，各方最后都归于失败，最后在1949年由社会主义一统天下，开始了崭新的历史进程。但是，上述各种思潮毕竟是理论界和知识界的理论探讨，不过是些书斋内的抽象设想，远未能满足现实的迫切要求。所以这些思潮在当时不但未能深入群众，而且未能左右国家政治大局，与现实的政治斗争和民族解放的运动相比，这在当时是难以有所作为的。外敌的频频入侵和社会的混乱无序，使国人普遍产生出对独立民族国家的强烈渴望。因此，无论是从社会的迫切需要，还是就社会主义的必备基石——民族国家的独立而言，救亡都是当务之急。在内忧外患的形势下，社会主义需要的首先是民族解放运动，而不是关于道路模式的争论。到30年代中期，虽然各种思潮仍在热火朝天地争论着，但中国社会却已处于严酷的民族斗争和政治力量间的生死搏斗之中。在这种危急关头，理论界和知识界有关中国未来发展道路的各种疾呼和争辩，都逐渐被抗日战争和党派对抗的隆隆炮声所掩盖。

当时，"苏化"在理论界和知识界的影响虽然不如"西化"等思潮更轰动，但由于它是渗透进现实的政治行动，其影响却日渐深刻。在国民党方面，自建党初期起，其建党模式就受到苏联的影响，这是联俄政策的遗留。在共产党方面，从建党初期始，包括组织制度、干部人事制度和思想意识形态等等都是在苏共代表的指导下建立起来的，自然而然地效仿了苏共模式。中国共产党严密的、类似于联共"职业革命家"的队伍建设，民主集中制原则的确立，以及对错误思潮进行整肃的行动，都是革命岁月的产物，但也是苏联影响的结果。虽然在中国革命进程中，苏联的外交策略及其处理兄弟

引 言
苏联模式影响中国社会主义

党关系的决策，和共产国际的政治代表的行为都未对中国革命带来根本促进，在创建政权的过程中，中共基本上依靠自己的探索走上了与十月革命有着重大区别的革命道路，但上述党建模式上中共与苏共的相似性，比起斗争策略的差异性却具有更深远的含义，它不仅影响到当时的革命事业，而且将影响到未来社会主义制度的政权形式。

在国共两党力量的此消彼长中，共产党最终取得全面优势。1949年6月，毛泽东提出的"一边倒"国策，实质上就是要在外交上与苏联结盟和在建国模式上效仿苏联模式的行动宣言。这使各种"中国本位"、"西化"、"全盘西化"等抽象思潮最终都淡出历史舞台，"苏化"在实际行为和理论宣传上都取得了绝对优势。1949年10月，社会主义新中国建立，中华民族救亡的任务基本完成，但图强的使命却刚刚开始，中国社会主义带着苏联模式的烙印开始启动建设。

三、马克思主义的中国化

马克思主义在中国化过程中也经历了一个"苏化"的嬗变过程。在西方资本主义制度本身已成为革命对象的情况下，资产阶级革命思想在中国逐渐失去了魅力。适逢其时，马克思主义登临中国政治舞台，并迅速成为社会变革的最前卫思想。必须指出，马克思主义的传入，虽然是以发起革命的姿态出现的，但革命同样是走向社会主义的一种选择。

十月革命后，苏俄处于资本主义的包围中，国内国际社会危机无比深重，社会动荡不安，社会主义政权时刻有可能被绞杀。因此，巩固政权自然是布尔什维克领导者的第一任务。还有，如前所述，苏联模式是社会主义的一种选择，而马克思主义则本来就是社会主义的思想基础。马克思主义理论中的社会主义实现条件与苏联的实际状况差别是无比巨大的，它迫使马克思主义在苏联不得不暂时放弃人类解放的使命，退回到高速发展生产力的起点——建设社会主义。这样，马克思主义在苏联的首要任务就有两个：加强社会主义国家政权和实现社会主义工业化。至于消灭国家和形成"自由人联合体"的任务则只好留待遥远的未来。

马克思主义传入中国时，中国正处于半殖民地半封建社会的状态，资本主义仍然不发达，资产阶级并非是最主要的革命对象。此时，中国社会还远未达到要求废除资本主义生产方式的阶段。因此，马克思主义在中国的使命就不是消灭资本主义生产，而是民族救亡和开启社会主义。显然，马克思主义在苏联和中国的任务具有一定的相似性。但是，就马列主义本身而言，一方面需要马列主义传入中国，另一方面有一个对待马列主义的态度和方法问题。毛泽东认为："马列主义的基本原理应该接受，不接受是没有道理的，也不利。"[①] 因此，中国共产党人首先接受了马列主义，然后对马列主义进行了创造性运用和发展，逐步实现了马克思主义的中国化。在经过毛泽东创造性地运用和发挥之后，作为工人阶级指导思想的马克思主义，成为共产党唤起民众反帝反封建的广泛有力的斗争武器，农民暴动和土地革命都是马克思主义新的用武之地。丢开教条主义的本本，中国人民以拿来主义的姿态对马克思主义作了全新的解释。这就是通向社会主义胜利的必然之路。

---

① 《毛泽东文集》第7卷，人民出版社1999年版，第78页。

引 言
苏联模式影响中国社会主义

在革命胜利前夕关于政权模式的设计上，马克思主义在中国与苏联任务的相似性得到了体现。至此，马克思主义中国化的过程开始增添进较多的"苏化"成分。

首先，由于中国是在资本主义极不发达的情况下发动革命，建立社会主义政权的，革命胜利后就必然会出现超前的政治制度与落后的经济发展水平的不和谐性，社会主义政权面临着如何在先进的政权下发展经济文化的艰巨任务。这种处境与苏联是相同的，它迫使革命者在巩固政权的同时努力尽快弥补经济发展的不足。关于如何完成该任务，列宁认为："既然建立社会主义需要有一定的文化水平（虽然谁也说不出这个一定的'文化水平'究竟是什么样的，因为这在各个西欧国家都是不同的），我们为什么不能首先用革命手段取得达到这个一定水平的前提，然后在工农政权和苏维埃制度的基础上赶上别国人民呢？"① 而对于同样的问题，斯大林的"苏维埃政权必须在所谓'空地'上创造新的社会主义的经济形式"② 的慷慨陈词，实质上都是对如何完成该任务的探讨。对于相同的问题，毛泽东的回答更直截了当，他认为中国的革命就是要"首先制造舆论，夺取政权，然后解决所有制问题，再大大发展生产力"③。显然，在这一点上，不论是苏联还是中国，两国在建立初期所面对的问题完全一致：用鲜血换来的政权，不能因为学理上的政治上层建筑必须与经济基础相适应的说教而自动放弃。因此，苏共和中共都别无选择地走上了在社会主义政权下补生产力的课的道路。

---

① 《列宁专题文集·论社会主义》，人民出版社2009年版，第359页。
② 《斯大林文集》，人民出版社1985年版，第601页。
③ 《毛泽东文集》第8卷，人民出版社1999年版，第132页。

其次，人民民主专政在本质上与苏联式无产阶级专政是一致的，它只是以汉语的特色呈现出无产阶级专政的生动含义。按马克思的设想，无产阶级专政仅存在于资本主义向共产主义过渡的时期，但苏联在1936年宣布建成社会主义之后，却仍走上了不断强化阶级专政和国家政权的道路。社会主义新中国也回避不了这种选择。在社会主义改造完成之后，人民民主专政弱化的可能性是很小的。虽然毛泽东在《论人民民主专政》一文中，声明了国家权力和党一定要消亡的共产主义原理，但在资本主义环伺四周，国内外敌对势力广泛存在，以及生产力水平相当落后的情况下，要迅速实现这种理想是不现实的。为了巩固社会主义政权，中共在建国后不得不与苏共一样，走上了强化社会主义国家政权的道路。

最后，由于马克思恩格斯对落后国家单独建设社会主义的论述甚少，在自身经验极为缺乏的情况下，新中国经济建设能获得的经验借鉴和理论指导就只有来自苏联。在《论人民民主专政》一文中，毛泽东论述了工业化和农业集体化的迫切性，并言简意赅地指出："苏联共产党就是我们的最好的先生，我们必须向他们学习。"[①] 这首先表明了中国共产党搞好经济建设的坚定决心，同时也表明了全面效仿苏联模式的坚决态度。

总之，社会主义新中国面临着与苏联相同的两个首要任务：加强社会主义国家政权和实现社会主义工业化。至此，中国的社会主义进程由革命时期马克思主义的中国化，正式转向社会主义现实建设上对苏联模式的模仿。

---

① 《毛泽东选集》第4卷，人民出版社1991年版，第1481页。

四、苏联模式对中国社会主义的影响

中国在选择社会主义道路的过程中，苏联模式对中国产生了重要的影响。一方面，中国主动照搬苏联模式，开展社会主义建设；另一方面，苏联也积极在中国推行苏联模式。可喜的是，中国社会主义政治改造很好地贯彻了和平稳步改造的方针，超越了苏联的做法，较少苏联模式的影响。但是，与社会主义改造的创造性相反，几乎是在同一时期，中国社会主义工业化自启动时起就开始了对苏联模式的全面模仿。1953年1月，新中国开始执行第一个五年计划。这个以重工业化为主的指令性计划，是在苏联专家的指导下设计的，其中工业发展蓝图、计划指标的设定、计划贯彻执行程序和工厂管理体制等，都是按照苏联模式的样板制定的。这是计划经济体制的底蕴，新中国在这些基础性的经济运作程序上对苏联模式的仿效，决定了整个经济体制对苏联模式的模仿。中央国家计划领导机关成为全国经济决策的核心机构，高度集中的指令性计划上行下达，计划一经最终制定，就成为一切经济工作的衡量标准，甚至具有法律的效应。这一套社会主义工业体制，正是中国直至今日仍然有所残存的计划经济体制的根本，也是所谓中国模仿苏联模式的最根本所在。

尽管新中国社会主义政治体制已经克服了苏联模式的一些弊端，但中共与苏共在建党模式上的相似性，却使新中国社会主义政治制度悄悄地走上了苏联模式的轨道。在组织原则上，民主集中制表现为权力向党中央政治局和书记处的集中，这与苏共在理论和实践上的表现是一致的；在政党制度上，新中国的共产党领导下的多党合作制尽管与苏联的一党制有所差别，但党内权力高度集中于中央和最高领袖的手中的事实，却是一致的；在政权结构上，中共拥有高于全国人大和政法机关的权力。如同苏共拥有高于最高苏维埃的权力一般，党掌握着国家的主要权力；在干部制度上，中国实行的任命制和实际存在的终身制更是典型的准苏联模式。虽然新中国政治制度与苏联还有种种差别，但上述几点，乃是决定社会主义政治制度性质的最基本因素。

可以说，新中国在经济和政治体制上对苏联模式的模仿，就是中国社会主义深受苏联模式影响的最主要表现。只要这几点不变，关于中国模仿苏联模式的断言就基本上是准确的。

在1956年前后，毛泽东等人认识到苏联模式的弊端，总结了苏联模式的历史作用，开始探索突破苏联模式的途径，并取得了一定的成果。在这样的背景下，中国开始了独立的探索。1956年，中共八大在此基础上提出了一系列正确的方针、政策，都力图突破苏联模式的局限，形成符合中国国情的建设方略。但是，上述各种理论探索虽然摆出了一副大张旗鼓的姿势，却未能全面地由合理设想转化为正确行动。尽管国家对工业的地域分布和重工业、轻工业和农业比例作了一些调整，取得了一些冲破苏联模式局限的成绩，拓宽了中国社会主义发展的道路，但由于这些调整都未能突破指令性计划经济的本质，经济体制的高度集中的性质在根本上并无改变。因此，这些调整只是局部的，并未能从根本上突破苏联模式的局限。而且，毛泽东等人的这些合理认识很快就淹没于过激的现实行动中。在这些合理设想提出后的短时间内，中国就掀起了一轮全面冒进的行动。"大跃进"和"人民公社化"使新中国不仅继续走在模仿苏联模式的轨道上，而且在一些方面比苏联模式走得更加片面。

引 言
苏联模式影响中国社会主义

"大跃进"畸形地"以钢为纲"的做法,已经超出了苏联模式过分强调重工业化的限度,而成为对苏联模式的扭曲发挥。"人民公社化"所追求的实现农业从集体所有制向全民所有制过渡,不仅是继承了苏联模式用行政力量实现农业集体化的做法,而且是在实际上贯彻了斯大林逝世前夕做出的有关集体农庄应该向更高级经济组织形式迈进的设想,在所有制变革上走得更为激进。至于发展到"文化大革命",在"以阶级斗争为纲"的唯政治化路线被确立下来时,新中国已经在苏联模式的消极面上越走越远了。相比而言,在斯大林执政期间,尽管苏联也出现了肃反扩大化的现象,但其集中力量实现工业化的决策却并没有动摇,而中国则远非如此。

总之,从整体上说,1978年以前,新中国社会主义建设是在有限调整下对苏联模式的全面模仿,有些地方甚至比斯大林的一些过激做法走得更远。尤其是在经济体制、政党制度和政权结构等几个社会主义的主要因素方面,中苏社会主义模式具有明显的共性。中国社会主义道路选择和社会主义建设表现出了对苏联模式的模仿性。无论从积极作用还是从消极作用上来说,苏联模式都对中国社会主义道路的选择和社会主义建设的推进产生了重大而深远的影响,这也为后来进行改革开放、建设中国特色社会主义做了铺垫。

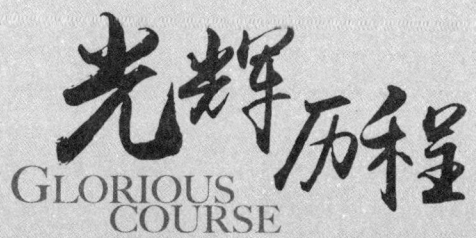

中国特色社会主义理论与实践
The Theory and Practice of Socialism with Chinese Characteristics

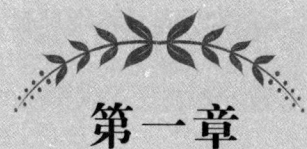

第一章

毛泽东探索社会主义的宝贵经验

第一章　毛泽东探索社会主义的宝贵经验

胡锦涛同志在党的十八大报告中指出："以毛泽东同志为核心的党的第一代中央领导集体带领全党全国各族人民完成了新民主主义革命,进行了社会主义改造,确立了社会主义基本制度,成功实现了中国历史上最深刻最伟大的社会变革,为当代中国一切发展进步奠定了根本政治前提和制度基础。在探索过程中,虽然经历了严重曲折,但党在社会主义建设中取得的独创性理论成果和巨大成就,为新的历史时期开创中国特色社会主义提供了宝贵经验、理论准备、物质基础。"[①] 在党的十七大报告中胡锦涛同志着重指出："我们要永远铭记,改革开放伟大事业,是在以毛泽东同志为核心的党的第一代中央领导集体创立毛泽东思想,带领全党全国各族人民建立新中国、取得社会主义革命和建设伟大成就以及艰辛探索社会主义建设规律取得宝贵经验的基础上进行的。"[②] 胡锦涛同志作出的这些精辟论断,不但符合我国的历史实际,而且是经得起历史、人民和实

[①] 胡锦涛:《坚定不移沿着中国特色社会主义道路前进　为全面建成小康社会而奋斗》,人民出版社2012年版,第10页。

[②] 胡锦涛:《高举中国特色社会主义伟大旗帜　为夺取全面建设小康社会新胜利而奋斗》,人民出版社2007年版,第7页。

光辉历程
中国特色社会主义理论与实践

践检验的科学论断。改革开放伟大事业以及中国特色社会主义建设事业,奠定在毛泽东同志带领第一代中央领导集体进行社会主义建设艰辛探索并取得宝贵经验的基础上,这是总结历史而得出的确切结论。认真分析和研究毛泽东同志进行社会主义建设取得的宝贵经验,有助于我们更好地推进改革开放伟大事业,有助于我们更好地进行中国特色社会主义现代化建设。

毛泽东对中国社会主义建设道路的探索,既有经验和成果,也有失误与教训。党的十一届三中全会通过的决议对毛泽东同志评价道:"毛泽东同志是伟大的马克思主义者,是伟大的无产阶级革命家、战略家和理论家。他虽然在'文化大革命'中犯了严重的错误,但就他的一生来看,他对中国革命的功绩远远大于他的过失。他的功绩是第一位的,错误是第二位的。"① 邓小平始终坚持对毛泽东同志进行客观评价,邓小平曾经公允地指出:"毛泽东同志在长期革命斗争中立下的伟大功勋是永远不可磨灭的……没有毛主席就没有新中国,这丝毫不是什么夸张……没有毛泽东思想,就没有今天的中国共产党,这也丝毫不是什么夸张。"② 邓小平在1980年8月接受意大利记者奥琳埃娜·法拉奇采访,回答她的提问时说:"我们将肯定毛主席的功绩是第一位的,他的错误是第二位的。没有毛主席,至少我们中国人民还要在黑暗中摸索更长的时间。"③ 从这里我们可以看出,历史的结论是,毛泽东是中国共产党、中国人民解放军和中华人民共和国的缔造者,更是中国社会主义建设事业的开拓者、奠基者和捍卫者。江泽民

---

① 《三中全会以来中央文献选编》上,人民出版社1982年版,第826页。
② 《邓小平文选》第2卷,人民出版社1994年版,第148—149页。
③ 冷溶、汪作玲主编:《邓小平年谱(一九七五——一九九七)》上,中央文献出版社2004年版,第665页。

第一章
毛泽东探索社会主义的宝贵经验

同志也指出:"毛泽东同志最伟大的历史功绩,是把马克思列宁主义基本原理同中国具体实际结合起来,领导我们党和人民,找到了一条新民主主义革命的正确道路,完成了反帝反封建的任务,结束了中国半殖民地半封建社会的历史,建立了中华人民共和国,确立了社会主义制度。接着,他又从中国实际出发,开始探索社会主义建设的道路。"① 在探索中国社会主义建设的历史进程中,毛泽东提出了许多正确的主张和观点,形成了他关于社会主义建设的若干重要思想,积累了在中国进行社会主义建设的宝贵经验。正确对待毛泽东思想和其中的社会主义建设的宝贵经验,对于今天的社会主义建设实践具有重要的价值和意义。对于这一点,美国前国务卿基辛格的观点可以佐证:"如何对待毛泽东的思想遗产,将在很大程度上决定中国与21世纪世界秩序的关系。"② 因此,我们今天以一种平静的心情来研究和分析这段历史,更能够透过历史的云烟,把握历史的真实。用历史唯物主义的观点来分析和总结毛泽东社会主义建设的宝贵经验,必将为我国中国特色社会主义的发展提供有益的理论支撑,推进中国特色社会主义建设事业不断走向新的胜利。

一、研究毛泽东社会主义建设宝贵经验的原因

尽管在党的十七大报告中已经对毛泽东社会主义建设的宝贵经验提出了明确的判断,但是究竟毛泽东社会主义建设的宝贵经验包括哪些具体内容,却没有明确的指出。同时,在现实的学术界、理

---

① 《江泽民文选》第1卷,人民出版社2006年版,第341页。
② 〔美〕亨利·基辛格:《世界秩序》,胡利平等译,中信出版社2015年版,第290页。

论界乃至意识形态领域里,却不时地冒出虚无化或直接反对毛泽东思想以及毛泽东社会主义建设的噪音,这些噪音扰乱了人们的思想。因此,进一步分析、研究和深入总结毛泽东社会主义建设的宝贵经验,就成为了一种现实的理论需要。具体来说,研究和总结毛泽东社会主义建设的宝贵经验,主要有以下几点原因。

(一) 改革开放处于重要战略机遇期需要研究毛泽东社会主义建设宝贵经验

现阶段,中国特色社会主义现代化建设已经进入一个重要战略机遇期。党的十八届五中全会通过的《中共中央关于制定国民经济和社会发展第十三个五年规划的建议》中指出:"综合判断,我国发展仍处于可以大有作为的重要战略机遇期,也面临诸多矛盾叠加、风险隐患增多的严峻挑战。我们要准确把握战略机遇期内涵的深刻变化,更加有效地应对各种风险和挑战,继续集中力量把自己的事情办好,不断开拓发展新境界。"[①] 在这样一种各方面大变化的过程中,在我国不断全面建成小康社会、逐步推进实现中华民族伟大复兴的中国梦的历史进程中,在改革开放和社会主义现代化建设的这样一个重要战略机遇期,如何对待毛泽东思想以及毛泽东社会主义建设的宝贵经验,是一个严肃的政治问题,同时也是一个重大的理论问题。正确总结毛泽东社会主义建设的宝贵经验,对于我们建设中国特色社会主义事业以及顺利地进行改革开放,无疑具有重要的基础理论指导作用。为了更好地推进改革开放和中国特色社会主义

---

① 《中国共产党第十八届中央委员会第五次全体会议文件汇编》,人民出版社2015年版,第24页。

第一章
毛泽东探索社会主义的宝贵经验

现代化建设事业,从社会实践上和理论发展上,都需要我们对毛泽东社会主义建设宝贵经验进行深入的研究,从中找出具有规律性的东西,用来指导现实的建设、改革和发展。同时,也正是因为我们现在处在改革开放的关键时期,所以我们才更有必要对毛泽东社会主义建设的宝贵经验进行研究和总结。我们今天建设具有中国特色的社会主义伟大事业,本质上是对毛泽东所开创的伟大事业的继承和发展,而他关于建设符合中国实际情况的社会主义的艰辛探索以及在探索中积累起来的宝贵经验,无疑是一笔十分宝贵的思想财富,值得我们认真地学习、研究和总结。

(二)毛泽东社会主义建设宝贵经验的研究面临新机遇、新挑战

新时期新阶段,从中国特色社会主义道路和理论体系的高度,从马克思主义中国化发展的现实需要出发,都需要我们深入研究和总结毛泽东思想和毛泽东社会主义建设的宝贵经验。随着我国改革开放事业和中国特色社会主义现代化建设事业的不断深化和发展,这项研究面临着新的机遇和新的挑战。

在机遇方面,我国改革开放事业和中国特色社会主义现代化建设事业需要毛泽东思想的指导。随着我国改革开放的不断深入,深层次的理论研究更为紧迫,尤其是作为中国特色社会主义理论体系基础理论的马克思列宁主义以及毛泽东思想研究更需要我们不断向更深层次开拓。正如党的十七大报告所指出的:"当今世界正在发生广泛而深刻的变化,当代中国正在发生广泛而深刻的变革。机遇前所未有,挑战也前所未有,机遇大于挑战。"① 这样前所未有的机遇和挑战,当然

---

① 胡锦涛:《高举中国特色社会主义伟大旗帜 为夺取全面建设小康社会新胜利而奋斗》,人民出版社2007年版,第1页。

需要更深厚的基础理论进行指导。从现实层面讲,发展和完善中国特色社会主义理论体系,以中国特色社会主义理论指导改革开放的伟大实践,能够更好地推进改革开放伟大事业。从历史和理论渊源方面看,深入研究毛泽东思想、深入研究毛泽东社会主义建设的宝贵经验,能够为中国特色社会主义理论提供深层次的理论支持和丰富的思想源泉,能够更好地推动中国特色社会主义理论向前发展,从而为现实的中国特色社会主义建设事业服务。新的历史时期的新机遇,需要我们深入研究毛泽东社会主义建设的宝贵经验。深入研究毛泽东社会主义建设宝贵经验不但有助于我们继续沿着中国特色社会主义道路前进,而且有助于不断丰富和发展马克思主义理论宝库。

在挑战方面,正确认识和评价毛泽东和毛泽东思想是一个重要的政治问题。有些人企图否定毛泽东的历史地位,进而否定作为我们行动指南的毛泽东思想。这些人往往罔顾历史和事实,别有用心。正如邓小平所指出的:"从一九二一年建党到一九五七年,三十六年内他做的好事了不起,是他领导我们取得了革命胜利。我们党总结历史经验不能丢掉毛泽东,否定毛泽东就是否定中国革命大部分的历史。"① 同时,邓小平还指出:"我们搞改革开放,把工作重心放在经济建设上,没有丢马克思,没有丢列宁,也没有丢毛泽东。老祖宗不能丢啊!"② 可见,任何企图丢掉毛泽东思想,任何企图否定毛泽东对中国社会主义建设探索的人,都是不符合历史实际的。所以,我们要从历史事实出发,来研究和总结毛泽东社会主义建设的宝贵经验,以此来推进中国特色社会主义现代化建设事业更好更快地向前发展。

---

① 《邓小平文选》第3卷,人民出版社1993年版,第271—272页。
② 《邓小平文选》第3卷,人民出版社1993年版,第369页。

第一章　毛泽东探索社会主义的宝贵经验

（三）认真贯彻落实党的十八大提出的明确要求的现实需要

从现阶段的中国实际出发，我们必须毫不动摇地坚持和发展中国特色社会主义理论体系。中国特色社会主义理论体系是马克思主义关于科学社会主义建设的基本原理与中国具体实际相结合的产物，是中国共产党几代中央领导集体艰辛探索的理论结晶。中国特色社会主义理论体系是一个开放的、不断发展的理论体系。因此，党的十八大明确提出，改革开放的伟大事业是在以毛泽东同志为核心的党的第一代中央领导集体创立毛泽东思想，带领全党全国各族人民建立新中国、取得社会主义革命和建设伟大成就以及艰辛探索社会主义建设规律取得宝贵经验的基础上进行的。同样，中国特色社会主义理论体系也是在毛泽东思想和毛泽东社会主义建设宝贵经验的基础上产生和发展起来的。所以，我们深入研究毛泽东社会主义建设的宝贵经验，有助于贯彻落实党的十八大精神，有助于发展和完善中国特色社会主义理论，有助于我们顺利推进全面建成小康社会，有助于我们逐步实现中华民族伟大复兴的中国梦。

中国的历史和现实都要求我们毫不动摇地坚持中国特色社会主义，毫不动摇地发展中国特色社会主义，毫不动摇地完善中国特色社会主义。"中国特色社会主义是党和人民团结的旗帜、奋进的旗帜、胜利的旗帜。全面建成小康社会、实现中华民族伟大复兴的中国梦，必须始终高举中国特色社会主义伟大旗帜，坚定不移坚持和发展中国特色社会主义。"[①] 因此，我们要高举中国特色社会主义伟

[①] 中共中央宣传部：《中国特色社会主义学习读本》，学习出版社 2013 年版，第 9 页。

大旗帜，认真分析和研究毛泽东思想和毛泽东社会主义建设的宝贵经验。研究毛泽东社会主义建设宝贵经验就是认真、积极地贯彻和落实党的十八大精神的一个重要表现。因此，我们要在毫不动摇地坚持和发展中国特色社会主义的前提下，积极认真地对毛泽东社会主义建设的宝贵经验进行深入的分析、研究和总结。

二、毛泽东艰辛探索社会主义建设的宝贵经验

"中华人民共和国的成立和社会主义制度的建立是20世纪中国人民在前进道路上经历的第二次历史性巨大变化。"① 这次巨大变化是毛泽东彪炳史册的伟大历史功绩。这些伟大功绩，连西方的学者都承认："1949年以后中国共产党接管中国和新的全国性政权的建立，是一个伟大的创造性成就。"② 胡锦涛同志在纪念毛泽东诞辰110周年座谈会上的讲话中指出："中国出了个毛泽东，这是中国共产党的骄傲，是中国人民的骄傲，是中华民族的骄傲。"③ 作为共和国的缔造者，毛泽东在领导党和人民成立新中国后就开始了对中国社会主义建设道路的探索，这种探索一直到1976年9月毛泽东逝世为止，贯其后世，始终不渝。由于种种原因，在这些最初的探索中既有重大的成就、良好的经验，也有明显的失误和值得汲取的教训。毛泽东艰辛探索社会主义建设的宝贵经验主要有以下几个方面。

---

① 《江泽民文选》第2卷，人民出版社2006年版，第2—3页。
② 〔美〕费正清：《伟大的中国革命（1800—1985年）》，刘尊棋译，世界知识出版社2003年版，第329页。
③ 《十六大以来重要文献选编》上，中央文献出版社2005年版，第642页。

第一章
毛泽东探索社会主义的宝贵经验

(一) 坚持把马列主义基本原理与中国社会主义建设的实际相结合

胡锦涛同志指出:"毛泽东同志是伟大的马克思主义者,伟大的无产阶级革命家、战略家和理论家,是近代以来中国伟大的爱国者和民族英雄,是领导中国人民彻底改变自己命运和国家面貌的一代伟人。"① 作为伟大的马克思主义者,作为一代伟人,作为中国社会主义革命和社会主义建设事业的奠基者,毛泽东始终在探索如何把马克思主义的普遍真理与中国的具体实际结合起来,建设中国自己的符合中国情况和实际的社会主义。

第一,在照搬苏联模式中开始探索中国的社会主义建设道路

毛泽东作为一个马克思主义者,作为中国社会主义革命和社会主义建设事业的奠基者,始终在探索如何把马克思主义的普遍真理与中国的具体实际结合起来,建设适应中国自己情况的社会主义。在长期的革命斗争中,毛泽东始终认为,中国的命运归根结底取决于我们自己,要走自己的路。但是,中华人民共和国建立初期,中国没有自己的社会主义建设经验。因此,只好照搬苏联模式。但是,这种照抄照搬,很快就在社会主义建设实践中暴露出许多问题。因此,毛泽东提出要"以苏联为鉴戒",探索适合中国自己情况的社会主义建设道路。毛泽东认为:"学外国不等于一切照搬。向古人学习是为了现在的活人,向外国人学习是为了今天的中国人。"② 在这一思想指导下,毛泽东逐步通过广泛的调查研究,着手总结自己的经

---

① 《十六大以来重要文献选编》上,中央文献出版社2005年版,第639页。
② 《毛泽东文集》第7卷,人民出版社1999年版,第82页。

验，寻求适合我国情况和实际的社会主义建设道路。

为了找到一条适合中国实践特征的社会主义建设道路，毛泽东开始艰辛探索中国的社会主义建设道路。毛泽东认为，对于苏联进行社会主义建设的成功经验，要把它同中国社会主义建设实际结合起来，才有借鉴的价值和意义。毛泽东还认为，学习苏联终究不能取代自己对社会主义建设道路的探索。因此，毛泽东提出要以苏联为借鉴，实现马克思列宁主义同中国社会主义建设实际的第二次结合，走中国自己的符合中国情况的社会主义建设道路，进行自己的社会主义建设道路探索。在这个艰辛探索的历程中，毛泽东逐渐认识到，中国搞社会主义建设，不能照抄照搬苏联的那一套，要在坚持马克思列宁主义和社会主义原则的基础上，把马克思列宁主义以及社会主义的基本原则运用于中国自己的社会主义建设，并以此来指导中国的社会主义建设，走中国独特的社会主义建设道路。在1956年《论十大关系》的讲话中毛泽东指出："特别值得注意的是，最近苏联方面暴露了他们在建设社会主义过程中的一些缺点和错误，他们走过的弯路，你还想走？过去我们就是鉴于他们的经验教训，少走了一些弯路，现在当然更要引以为戒。"[①] 毛泽东在《论十大关系》一文中提出的这一观点和论断，是当时社会主义建设探索所取得的初步成果。这一初步成果的基本思想概括起来就是要以苏为鉴，独立思考，从中国社会主义建设的实际出发，走中国自己的、符合中国情况和实际的社会主义建设道路。这展示了毛泽东一方面要以苏联的错误和教训为鉴戒，另一方面又要探索自己的社会主义建设道路的基本观点。

---

① 《毛泽东文集》第 7 卷，人民出版社 1999 年版，第 23 页。

第一章
毛泽东探索社会主义的宝贵经验

第二,在探索中国的社会主义建设道路中应重点考虑中国的实际情况

马克思主义能够在中国社会主义革命和建设过程中发挥指导作用的根本原因,不仅仅因为它是科学,更重要的在于它同中国人民的社会主义革命和建设实践发生了联系,实现了结合。毛泽东指出:"马列主义的基本原理在实践中的表现形式,各国应有所不同。在中国,马列主义的基本原理要和中国的革命实际相结合。十月革命就是俄国革命的民族形式。社会主义的内容,民族的形式,在政治方面是如此,在艺术方面也是如此。"① 在新民主主义革命时期,毛泽东领导中国共产党人找到了一条适合中国国情的革命道路。取得全国革命胜利以后,在马克思列宁主义的指导下,于1956年又开始了全面探索适合中国国情、符合中国实际的社会主义道路。在探索中国社会主义建设道路时,毛泽东十分强调要从中国的实际情况出发,坚持实事求是的基本原则,坚持把马克思主义的普遍真理与中国社会主义的建设实际相结合,走出一条中国式的、符合中国情况和实际的社会主义道路。1956年4月,毛泽东在同拉丁美洲一些国家党的代表谈话时曾指出:"各国应根据自己国家的特点决定方针、政策,把马克思主义同本国特点结合起来。"② "对于苏联和其他社会主义国家的经验,也应当采取这样的态度。"③ 在党的八大开幕词中,毛泽东又明确地讲道:"我国的革命和建设的胜利,都是马克思列宁主义的胜利。把马克思列宁主义的理论和中国革命的实践密切地联

---

① 《毛泽东文集》第7卷,人民出版社1999年版,第78页。
② 《毛泽东文集》第7卷,人民出版社1999年版,第64页。
③ 《毛泽东文集》第7卷,人民出版社1999年版,第41页。

系起来,这是我们党的一贯的思想原则。"① 因此,在社会主义建设过程中,毛泽东关于中国社会主义建设的基本原则的思想已经大致形成,这就是要把马克思主义与中国实际相结合,建设符合中国情况和中国实际的社会主义。这是中国社会主义革命和社会主义建设的产物,是中国共产党和全中国人民进行社会主义建设实践的结果,更是毛泽东带领党和人民在实践中艰辛探索的结果。毛泽东在探索中国自己社会主义建设道路中重点考虑中国实际情况的做法,不但反映了我国近现代历史发展的必然要求,而且也符合人类社会历史发展的普遍规律。

第三,把马克思主义基本原理与中国社会主义建设具体实践结合起来

历史经验证明,无论是干革命还是搞建设都要从中国的实际出发,把马克思主义的基本原理同中国的实际结合起来,从中探索出革命和建设的规律,制定正确的路线、方针和政策,这样才能取得革命和建设的胜利。马克思主义与中国实际相结合,是一个长期的历史的发展的过程。在中国革命和建设过程中,毛泽东十分重视把马克思列宁主义普遍真理和中国具体革命和建设实践相结合。正如邓小平总结指出的:"中国革命就没有按照俄国十月革命的模式去进行,而是从中国的实际情况出发,农村包围城市,武装夺取政权。"②针对如何学习马克思列宁主义,毛泽东明确指出:"我们要学的是属于普遍真理的东西,并且学习一定要与中国实际相结合。如果每句话,包括马克思的话,都要照搬,那就不得了。我们的理论,是马

---

① 《毛泽东文集》第7卷,人民出版社1999年版,第116页。
② 《邓小平文选》第2卷,人民出版社1994年版,第318页。

第一章
毛泽东探索社会主义的宝贵经验

克思列宁主义的普遍真理同中国革命的具体实践相结合。"① 同样，在中国社会主义建设过程中，毛泽东依然坚持把马克思列宁主义基本原理运用于中国的社会主义建设实践，并结合中国的社会主义建设实际，以马克思列宁主义基本原理指导中国的社会主义建设实践。1956年8月24日，毛泽东同中国音乐家协会负责人有一次著名的谈话，史称"同音乐工作者的谈话"。在这次谈话中毛泽东指出："中国的和外国的要有机地结合，而不是套用外国的东西。"② "马克思主义的普遍真理一定要同中国革命的具体实践相结合，如果不结合，那就不行。这就是说，理论与实践要统一。理论与实践的统一，是马克思主义的一个最基本的原则。"③ 毛泽东在读到苏联《政治经济学教科书》中"每一个国家都有具体的建设社会主义的形式和方法"时，对这一提法大加赞赏。他说："'每一个'国家都'具有自己特别的具体的社会主义建设的形式和方法'，这个提法好。一八四八年有一个《共产党宣言》，在一百一十年以后，又有一个'共产党宣言'，这就是一九五七年各国共产党的莫斯科宣言。在这个宣言中，就讲到了普遍规律和具体特点相结合的问题。"④ 这是毛泽东主动冲破对苏联模式的盲目崇拜，立足于中国社会主义建设的具体实践，开始自主探索中国自己的社会主义建设道路。因此，毛泽东总是将马克思主义的基本原理与中国社会主义建设的具体实践结合起来，并取得了一定的成绩，初步实现了马克思主义当时条件下的中国化，奠定了以后社会主义理论发展和创新的理论和实践基础。因

---

① 《毛泽东文集》第7卷，人民出版社1999年版，第42页。
② 《毛泽东文集》第7卷，人民出版社1999年版，第82页。
③ 《毛泽东文集》第7卷，人民出版社1999年版，第90页。
④ 《毛泽东文集》第8卷，人民出版社1999年版，第116页。

此，我们对待马克思列宁主义，一定要从对其进行中国化的高度，结合中国建设、改革和发展的实际情况，不断推进马克思主义的普遍真理与中国的实际情况相结合，既体现其理论的共性，又突出其在不同的国家、不同的地区、不同的时间而表现出的不同特点，最终在马克思主义指导下实现具有本国特色的社会主义。对中国而言，就是要坚持和发展有中国特色的社会主义。

（二）坚持把发展社会生产力与探索社会主义商品经济规律相结合

党的十一届六中全会决议指出："毛泽东同志在领导纠正'大跃进'和人民公社化运动中的错误时提出了不能剥夺农民，不能超越阶段，反对平均主义，强调发展商品生产、遵守价值规律和做好综合平衡，主张以农轻重为序安排国民经济计划等观点。"[①] 毛泽东在领导中国社会主义建设过程中，既注重发展社会生产力，又强调发展商品生产、商品经济，遵守价值规律，在二者的结合中推动了中国社会主义建设的发展。毛泽东对社会主义经济建设问题作过多方面的探索，提出了很多极富创见性的观点，其中一些思想至今仍然是我们在社会主义建设过程中必须遵循的指导思想，而且还将长期地指导我们的各项工作。

第一，毛泽东在探索社会主义建设过程中一直重视发展社会生产力

在社会主义建设的过程中，毛泽东坚持把解放和发展生产力作为一切工作的指针。早在1945年4月，毛泽东就明确指出："中国

---

① 《十一届三中全会以来重要文献选读》上，人民出版社1987年版，第310页。

第一章
毛泽东探索社会主义的宝贵经验

一切政党的政策及其实践在中国人民中所表现的作用的好坏、大小，归根到底，看它对于中国人民的生产力的发展是否有帮助及其帮助之大小，看它是束缚生产力的，还是解放生产力的。"① 同时毛泽东还强调，在打败日本帝国主义之后，中国共产党要实行土地改革，发展现代工业，建设独立、自由、民主、统一和富强的新中国。新中国成立后，在完成社会主义革命的基础上，在毛泽东的领导下，我国建立起社会主义制度。在1956年1月的最高国务会议上，他又明确提出："社会主义革命的目的是为了解放生产力。"② 由此可见，毛泽东已经把解放生产力和发展生产力作为衡量党的政策作用大小的标准。毛泽东领导的三大改造运动顺利完成，目的就是为了解放生产力。随后，在党的八大决议中又提出，党和全国人民的主要任务是集中力量发展生产力，尽快把我国从落后的农业国变为先进的工业国。1957年2月，毛泽东还提出："从一九五六年以来，情况就根本改变了。就全国说来，反革命分子的主要力量已经肃清。我们的根本任务已经由解放生产力变为在新的生产关系下面保护和发展生产力。"③

与此同时，为了更好地发展社会生产力，建设社会主义国家，毛泽东还提出了调动一切积极因素为社会主义建设服务的方针。毛泽东指出："过去为了结束帝国主义、封建主义和官僚资本主义的统治，为了人民民主革命的胜利，我们就实行了调动一切积极因素的方针。现在为了进行社会主义革命，建设社会主义国家，同样也实

---

① 《毛泽东选集》第3卷，人民出版社1991年版，第1079页。
② 《毛泽东文集》第7卷，人民出版社1999年版，第1页。
③ 《毛泽东文集》第7卷，人民出版社1999年版，第218页。

行这个方针。"① 调动一切积极因素为社会主义建设服务，就是要把国内和国外的、党内和党外的积极因素都调动起来，提高他们为社会主义建设奉献的热情，积极投身到社会主义建设事业当中去。因此，毛泽东进一步指出："在国内，工人和农民是基本力量。中间势力是可以争取的力量。反动势力虽是一种消极因素，但是我们仍然要作好工作，尽量争取化消极因素为积极因素。在国际上，一切可以团结的力量都要团结，不中立的可以争取为中立，反动的也可以分化和利用。总之，我们要调动一切直接的和间接的力量，为把我国建设成为一个强大的社会主义国家而奋斗。"② 毛泽东这一思想的缘起点在于中国当时经济上十分落后，而生产力也很不发达。为了促进经济更好、更快地发展，为了不断提高我国的社会生产力，毛泽东倡导要调动一切积极因素为社会主义建设服务。以上这些基本思想，不仅在理论上是正确的，而且在实践上也进行了一系列的实施，并取得了一定的成效。

第二，毛泽东强调要运用灵活的发展生产力手段来尊重商品经济规律

关于解放和发展生产力的方式和手段，毛泽东也进行了大量的思考。1956年12月7日，在约见民建、工商联负责人黄炎培、陈叔通等人谈话时，毛泽东针对当时中国社会主义建设的实际指出："可以搞国营，也可以搞私营。可以消灭了资本主义，又搞资本主义。"③在这篇著名的谈话里，毛泽东还指出："现在我国的自由市场，基本

---

① 《毛泽东文集》第7卷，人民出版社1999年版，第23页。
② 《毛泽东文集》第7卷，人民出版社1999年版，第23页。
③ 《毛泽东文集》第7卷，人民出版社1999年版，第170页。

第一章

毛泽东探索社会主义的宝贵经验

性质仍是资本主义的,虽然已经没有资本家。它与国家市场成双成对。上海的地下工厂同合营企业也是对立物。因为社会有需要,就发展起来。要使它成为地上,合法化,可以雇工。"① 很明确,毛泽东在这里强调,虽然自由市场的性质是资本主义,但是我们的社会主义建设需要,就应该允许其存在和发展。不但如此,而且"只要社会需要,地下工厂还可以增加"②。同时,"可以开私营大厂,订个协议,十年、二十年不没收"③。为了鼓励华侨、华人积极回国投资,针对华侨、华人投资的企业,毛泽东甚至提出:"华侨投资的,二十年、一百年不要没收。可以开投资公司,还本付息。"④ 毛泽东把这种允许搞私营、鼓励华侨投资办企业的政策,称之为"新经济政策"。毛泽东同时指出,由于这样一项政策既可以更好地满足人民群众物质文化生活多方面的需要,又可以作为社会主义公有制经济的重要补充,所以,实行这项政策,允许这些非公有制经济的存在和发展,不是一项临时性的措施,而是一项长期的政策。然而,随着实践的发展和国际、国内环境与条件的变化,这项政策并没有得到很好的落实。毛泽东还对社会主义商品经济规律进行了思考和探索。他强调让商品经济价值规律在社会主义建设中发挥作用,号召全党和全国人民都要学习价值规律。毛泽东指出:"算账才能实行那个客观存在的价值法则。这个法则是一个伟大的学校,只有利用它,才有可能教会我们的几千万干部和几万万人民,才有可能建设我们

---

① 《毛泽东文集》第 7 卷,人民出版社 1999 年版,第 170 页。
② 《毛泽东文集》第 7 卷,人民出版社 1999 年版,第 170 页。
③ 《毛泽东文集》第 7 卷,人民出版社 1999 年版,第 170 页。
④ 《毛泽东文集》第 7 卷,人民出版社 1999 年版,第 170 页。

的社会主义和共产主义。否则一切都不可能。"① 由此可见，毛泽东不但揭示了社会主义商品经济的本质，而且提出了价值规律是社会主义经济建设过程中不可违背的规律的观点。

与此同时，毛泽东在社会主义建设过程中还十分注重搞好综合平衡。1956年11月15日，毛泽东在中共八届二中全会上，总结建国以来经济建设的经验时指出："平衡是暂时的，有条件的。暂时建立了平衡，随后又要发生变动。"② "我们马克思主义者认为，不平衡，矛盾，斗争，发展，是绝对的，而平衡，静止，是相对的。所谓相对，就是暂时的，有条件的。这样来看我们的经济问题，究竟是进，还是退？我们应当告诉干部，告诉广大群众：有进有退，主要的还是进，但不是直线前进，而是波浪式地前进。""社会总是前进的，前进是个总的趋势，发展是个总的趋势。"③ 这是毛泽东对社会主义经济建设和社会主义建设规律进行的深入总结。为了搞好社会主义建设过程中的综合平衡，毛泽东说："社会主义国家的经济能够有计划按比例地发展，使不平衡得到调节，但是不平衡并不消失。'物之不齐，物之情也。'因为消灭了私有制，可以有计划地组织经济，所以就有可能自觉地掌握和利用不平衡是绝对的、平衡是相对的这个客观规律，以造成许多相对的平衡。"④ 因此，关于搞好社会主义经济建设，毛泽东既强调要发展商品生产、发展商品经济，又要求在尊重价值法则和价值规律的基础上搞好经济发展的综合平衡。

---

① 《毛泽东文集》第8卷，人民出版社1999年版，第34页。
② 《毛泽东选集》第5卷，人民出版社1977年版，第313页。
③ 《毛泽东选集》第5卷，人民出版社1977年版，第314页。
④ 《毛泽东文集》第8卷，人民出版社1999年版，第119页。

第一章
毛泽东探索社会主义的宝贵经验

第三，毛泽东注重促进生产力发展与推动商品经济发展相结合

毛泽东始终在坚持发展社会生产力的同时积极探索社会主义商品经济规律，不断推进二者有机结合，促进中国社会主义建设向更高、更好的水平发展。在探索中国社会主义建设的进程中，毛泽东在注重发展生产力的同时注重认识价值规律的作用，注重利用发展商品生产和商品经济来促进和帮助公有制经济发展。由于中国是商品经济很不发达的国家，很需要有一个发展商品生产的阶段，所以毛泽东认为，在社会主义建设时期，要有计划地大力发展商品生产。为此，毛泽东首先提出了社会主义商品生产和商品经济的概念，同时提出了一个中国"很需要一个发展商品生产的阶段"的科学论断。毛泽东在读《苏联社会主义经济问题》一书时，针对当时有人认为人民公社经济主要是"自给自足"的自然经济时指出："如果公社只搞自给性生产，不搞商品生产，不进行商品交换，农民不把粮食等农产品和工人生产的工业品交换，那么工人怎么能有饭吃，农民怎么能够有衣穿，怎么能够得到拖拉机等农业生产资料？如果公社不把自己多余的产品卖给国家，卖给其他公社，怎么能够得到货币收入，哪里有钱分给社员？京、津、沪郊区农村之所以比较富裕，是因为这些地方商品生产比较发展，商品交换比较发达。"[①] 在1958年11月第一次郑州会议上，毛泽东针对陈伯达等人主张废除商品、货币的错误，深刻指出，在社会主义时期废除商品、货币是违背经济规律的。同时，在1959年2、3月间的第二次郑州会议上，毛泽东又针对实行人民公社化进程中出现的平均主义倾向和过分集中倾

---

① 《毛泽东著作专题摘编》上，中央文献出版社2003年版，第975页。

向中存在的否定价值法则、否定等价交换的思想进一步论述了价值规律的作用。毛泽东指出:"避开使用还有积极意义的资本主义范畴——商品生产、商品流通、价值法则等来为社会主义服务","这是对马克思主义不彻底、不严肃的态度。"① 因此,可以说,毛泽东认为商品生产和资本主义相联系是资本主义商品生产,商品生产和社会主义相联系是社会主义商品生产。由于我国社会主义刚刚建立,尚需要时间进步和发展,所以,毛泽东主张商品经济可以搞的长久一点。

此外,毛泽东还重点论述了价值规律中的等价交换和价值法则两个方面。毛泽东认为,等价交换在社会主义时期是一个不能违反的经济法则,违反了它,就是无偿占有别人的劳动成果,这是我们所不许可的。价值法则就是客观存在的经济法则,我们对于社会产品,只能实行等价交换,不能实行无偿占有,价值法则是一个伟大的学校,只有利用它才有可能建设我们的社会主义和共产主义。另外,中共八届六中全会讨论和通过了《关于人民公社若干问题的决议》。决议着重指出:"在今后一个必要的历史时期内,人民公社的商品生产,以及国家和公社、公社和公社之间的商品交换,必须有一个很大的发展。这种商品生产和商品交换不同于资本主义的商品生产和商品交换,因为它们是在社会主义公有制的基础上有计划地进行的,而不是在资本主义私有制的基础上无政府状态地进行的。继续发展商品生产和继续保持按劳分配的原则,对于发展社会主义经济是两个重大的原则问题,必须在全党统一认识。有些人在企图过早地'进入共产主义'的同时,企图过早地取消商品生产和商

---

① 《毛泽东文集》第7卷,人民出版社1999年版,第437页。

第一章
毛泽东探索社会主义的宝贵经验

交换,过早地否定商品、价值、货币、价格的积极作用,这种想法是对于发展社会主义建设不利的,因而是不正确的。"① 从这些思想和观点中,我们已经可以看出,毛泽东总是试图把发展社会主义社会生产力与发展社会主义商品经济结合起来,尊重价值规律,并试图以此促进中国的社会主义建设更快、更好地发展。毛泽东的这些探索,在很大程度上冲破了马克思主义经典作家关于社会主义产品经济的模式和思路,尽管这些认识和思想没有得到很好地坚持,但始终给我们今天建设中国特色社会主义提供了理论和实践上的借鉴。

(三)坚持把认清社会主义发展阶段与正确处理各种矛盾相结合

毛泽东关于社会主义阶段划分的理论观点,是我们党在这一问题上探索所取得的重要理论成果,它科学地指出了当时社会主义所处的历史阶段。毛泽东社会主义建设过程中的这一正确认识,与他正确处理各种矛盾紧密相关。毛泽东正是在正确认识中国社会主义建设所处阶段的基础上,开始思考、探讨和处理当时中国社会主义社会中存在的各种矛盾,尤其是正确处理好人民内部矛盾。

第一,毛泽东在中国社会主义建设实践中逐渐重视认清当时社会主义所处的发展阶段

正确认识社会主义发展阶段对于建设社会主义具有重要的理论意义和实践意义。关于社会主义发展阶段问题,主要体现在毛泽东

---

① 《建国以来重要文献选编》第11册,中央文献出版社1995年版,第611页。

光辉历程
中国特色社会主义理论与实践

关于"不发达"和"比较发达"社会主义两个阶段划分的思想。1958年,毛泽东在第一次郑州会议上提出:我国尚处于"社会主义初期阶段"。后来在《读苏联〈政治经济学教科书〉的谈话》中,毛泽东又指出:"社会主义可能分为两个阶段","第一个阶段是不发达的社会主义,第二个阶段是比较发达的社会主义"。① 认为当时我国正处在不发达的社会主义阶段。毛泽东认为:"社会主义这个阶段,又可能分为两个阶段,第一个阶段是不发达的社会主义,第二个阶段是比较发达的社会主义。后一阶段可能比前一阶段需要更长的时间。经过后一阶段,到了物质产品、精神财富都极为丰富和人们的共产主义觉悟极大提高的时候,就可以进入共产主义社会了。"② 1954年6月,他在中央人民政府委员会第三十次会议上《关于中华人民共和国宪法草案的讲话》中说:"要建成一个伟大的社会主义国家,究竟需要多少时间?现在不讲死,大概是三个五年计划,即十五年左右,可以打下一个基础。到那时,是不是就很伟大了呢?不一定。我看,我们要建成一个伟大的社会主义国家,大概经过五十年即十个五年计划,就差不多了,就像个样子了,就同现在大不一样了。"③ 这些认识,正是毛泽东根据马克思列宁主义关于社会主义发展阶段的基本原理,结合中国社会主义建设的具体实践,进行深入研究和探索的结果。在社会主义建设的实践过程中,毛泽东还认识到,社会主义是一个很长的历史阶段,社会主义社会要有很大的发展才能过渡到共产主义社会。在我国社会主义制度确立之后,毛

---

① 龚育之、逄先知、石仲泉:《毛泽东的读书生活》,生活·读书·新知三联书店1986年版,第164页。
② 《毛泽东文集》第8卷,人民出版社1999年版,第116页。
③ 《毛泽东文集》第6卷,人民出版社1999年版,第329页。

第一章
毛泽东探索社会主义的宝贵经验

泽东对我国社会主义历史发展阶段问题所作的这些科学探索,得出的这些有益的结论,的确有一些理论的闪光点。尽管这些闪光点在当时还难以汇成衡定的体系,还有待于进一步发展,但却为以后中国共产党人对社会主义阶段划分问题认识的深化和突破,奠定了较强的理论基础。这个论断虽然还不能与党的"十三大"提出的社会主义初级阶段理论相提并论,但不能不承认在当时的条件下还是相当杰出的。毛泽东关于社会主义划分为"两个阶段"的思想是提出社会主义初级阶段理论的重要思想源头。

第二,毛泽东在认识中国社会主义发展阶段的过程中提出要正确处理各种矛盾

毛泽东在探索中国社会主义建设道路的历史进程中,坚持在认清社会主义发展阶段的同时正确处理各种矛盾。毛泽东把马克思主义基本原理和中国具体实际相结合,比较系统地阐述了正确处理各种矛盾的理论。中共十一届六中全会决议指出:"毛泽东同志在一九五七年春提出必须正确区分和处理社会主义社会两类不同性质的社会矛盾,把正确处理人民内部矛盾作为国家政治生活的主题。"[①] 现实世界总是充满着各种各样的矛盾,矛盾存在于一切社会之中,矛盾是事物发展变化的动力。在毛泽东探索社会主义的历史过程中,尽管我国已经建立起社会主义社会,但是,在我国依然存在着各种矛盾。例如社会基本矛盾、敌我矛盾、人民内部矛盾等等。正确处理这些矛盾,尤其是把处理好这些矛盾与我国当时所处的社会主义阶段相结合,对于当时建设社会主义的探索,十分有益。毛泽东同

---

① 《十一届三中全会以来重要文献选读》上,人民出版社1987年版,第309页。

志正是从这一高度出发,带领全党、全国各族人民在认清社会主义所处阶段的同时不断处理各种矛盾,尤其是正确处理好人民内部矛盾。正确处理好人民内部矛盾对于调动一切积极因素,集中力量搞社会主义经济建设具有重大的意义。毛泽东认为,矛盾是普遍存在的,社会主义社会也充满着矛盾。正是这些矛盾推动着社会主义社会不断向前发展。社会主义社会的基本矛盾仍然是生产力与生产关系、经济基础与上层建筑之间的矛盾。这种矛盾与旧社会的矛盾根本不同,它不是对抗性的,可以通过社会主义制度的自我调整和完善,不断地得到解决。关于两类矛盾的学说,毛泽东认为,社会主义国家政治生活中存在着两类不同性质的矛盾——敌我矛盾和人民内部矛盾。两类不同性质的矛盾在一定条件下可以转化,如果处理得当,敌我矛盾可以转化为人民内部矛盾;人民内部矛盾如果处理不当,有的也可以转化为敌我矛盾。毛泽东根据我国社会主义改造后的阶级状况和社会状况,把复杂的社会矛盾划分为敌我矛盾和人民内部矛盾两类,指出我国大量存在的主要是人民内部矛盾。社会主义社会矛盾,可以经过社会主义制度本身不断完善得到解决。结合我国社会主义社会所处不发达阶段的历史实际,加上当时大量的人民内部矛盾突出出来,1957年初毛泽东提出了在我国的政治生活中要正确处理人民内部矛盾的问题。关于人民内部矛盾,毛泽东进行了全面而准确的分析。毛泽东从当时我国社会主义社会政治生活中存在的主要矛盾、基本矛盾、两类不同性质的矛盾等方面深刻揭示并阐发了如何正确处理我国社会主义社会中的矛盾。关于我国社会的主要矛盾,党的八大政治报告进行深入分析后指出:"我们国内的主要矛盾,已经是人民对于建立先进的工业国的要求同落后的农业国的现实之间的矛盾,已经是人民对于经济文化迅速发展的需要同当前经济文化不能满足人民需要的状况之间的矛盾。"① 关于社会主义社会基本矛盾，毛泽东指出："在社会主义社会中，基本的矛盾仍然是生产关系和生产力之间的矛盾，上层建筑和经济基础之间的矛盾。"② "正是这些矛盾推动着我们的社会向前发展。"③ 毛泽东提出的正确处理两类不同性质矛盾的方法和一系列方针政策，为调动一切积极因素建设社会主义提供了理论依据，揭示了社会主义社会发展的内在规律。后来，正如邓小平在新的历史时期谈及毛泽东关于社会主义社会基本矛盾理论时所指出的："当然，指出这些基本矛盾，并不就完全解决了问题，还需要就此作深入的具体的研究。但是从二十多年的实践看来，这个提法比其他的一些提法妥当。"④ 虽然毛泽东同志没有全部解决关于社会主义社会矛盾问题，但是他关于处理社会主义矛盾和问题的理论和思想，在中国社会主义建设的历史上闪耀着永远的理论光芒。可见，毛泽东在探索社会主义建设的过程中，总是注意在认识中国社会主义发展阶段的基础上正确处理各种社会矛盾，尤其是正确处理人民内部矛盾。把认清社会主义发展阶段与正确处理各种矛盾相结合是毛泽东社会主义建设的一个重要的宝贵经验。

（四）坚持把学习借鉴苏联经验与坚守独立自主基本原则相结合

毛泽东同志坚持把学习和借鉴苏联经验与坚守独立自主的基本原则相结合，奠定了中国社会主义建设和发展的政治基础，提高了

---

① 《建国以来重要文献选编》第9卷，中央文献出版社1994年版，第341页。
② 《毛泽东文集》第7卷，人民出版社1999年版，第214页。
③ 《毛泽东文集》第7卷，人民出版社1999年版，第213页。
④ 《邓小平文选》第2卷，人民出版社1994年版，第182页。

中国的国际威望。

第一，毛泽东主张向苏联学习和借鉴社会主义建设经验

尽管毛泽东十分强调自力更生、艰苦奋斗，独立自主地进行中国的社会主义建设和实践，但是毛泽东并不排斥外国的建设经验，相反，他非常强调学习外国的经验和技术，主张把外国好的东西学习过来，服务于中国的社会主义建设实践。为了搞好国内当时的社会主义建设，毛泽东郑重提出"向外国学习"的口号和必须遵循的方针，强调"一切国家的长处都要学"。在怎样学习外国的问题上，毛泽东说："一切国家的先进经验都要学。""学习苏联也不要迷信。对的就学，不对的就不学。""要打破迷信，不管中国迷信还是外国迷信。"① 这样的态度起到了解放思想、推动建设的重要作用。同时，毛泽东还指出："外国资产阶级的一切腐败制度和思想作风，我们要坚决抵制和批判。但是，这并不妨碍我们去学习资本主义国家的先进的科学技术和企业管理方法中合乎科学的方面。工业发达国家的企业，用人少，效率高，会做生意，这些都应当有原则地好好学过来，以利于改进我们的工作。"② 因此，毛泽东认为，对待外国的经验必须采取辩证的态度，一切真正好的东西都要学。但是，必须有分析、有批判地学，不能盲目地学，不能一切照抄，机械搬用。同时，这种学习还要灵活变通的学。1956年8月，毛泽东在《同音乐工作者的谈话》中，开宗明义地指出："实现社会主义革命的基本原则，各个国家都是相同的。但是在小的原则和基本原则的表现形式

---

① 薄一波：《若干重大决策与事件的回顾》上，中共中央党校出版社1991年版，第484页。
② 《毛泽东文集》第7卷，人民出版社1999年版，第43页。

第一章
毛泽东探索社会主义的宝贵经验

方面是有不同的。比如打仗的原理是一样的,都是攻、守、进、退、胜、败,但是在打法上,怎么攻,怎么守,各有不同,有很多的不同。"① 1956年,生产资料私有制社会主义改造的基本完成,标志着我国社会主义制度的正式确立,大规模的社会主义建设全面开始。在生产资料所有制社会主义改造基础上建立社会主义制度后,党和国家面临的主要任务就是建设社会主义。新中国建立之初,由于缺乏社会主义建设经验,在经济建设方面较多地照搬了苏联的做法,毛泽东对这种倾向十分警觉。毛泽东倡导:"中国的和外国的要有机地结合,而不是套用外国的东西。学外国织帽子的方法,要织中国的帽子。外国有用的东西,都要学到,用来改进和发扬中国的东西,创造中国独特的新东西。"② 毛泽东在《论十大关系》中指出:"我们的方针是,一切民族、一切国家的长处都要学,政治、经济、科学、技术、文学、艺术的一切真正好的东西都要学。但是,必须有分析有批判地学,不能盲目地学,不能一切照抄,机械搬用。他们的短处、缺点,当然不要学。"③ "对于苏联和其他社会主义国家的经验,也应当采取这样的态度。"④ "社会科学,马克思列宁主义,斯大林讲得对的那些方面,我们一定要继续努力学习。我们要学的是属于普遍真理的东西,并且学习一定要与中国实际相结合。"⑤ 毛泽东还指出:照抄别国的经验是危险的,成功的经验,在这个国家是成功的,但在另一个国家如果不同本国的具体情况相结合而生搬

---

① 《毛泽东文集》第7卷,人民出版社1999年版,第76页。
② 《毛泽东文集》第7卷,人民出版社1999年版,第82页。
③ 《毛泽东文集》第7卷,人民出版社1999年版,第41页。
④ 《毛泽东文集》第7卷,人民出版社1999年版,第41页。
⑤ 《毛泽东文集》第7卷,人民出版社1999年版,第42页。

硬套，最后必然是走向失败。毛泽东认为："这是一条重要的国际经验。"① 毛泽东的这些论述思想明确，观点鲜明，这就是要采取选择性的方式向外国学习和借鉴，尤其是在向苏联学习和借鉴社会主义建设经验方面。这种学习和借鉴的具体内涵包括这样两个方面：第一，对于外国的东西要分析批判学习，要扬长避短。毛泽东认为："吸收外国的东西，要把它改变，变成中国的。"② 第二，任何向外国学习和借鉴都坚持中国人民自己的创造，走自己的道路。毛泽东指出："应该学习外国的长处，来整理中国的，创造出中国自己的、有独特的民族风格的东西。这样道理才能讲通，也才不会丧失民族信心。"③ 因此，他鼓励广大干部要敢于创造自己的独特经验，走一条属于中国自己的社会主义建设路。毛泽东学习和借鉴外国经验中提到的"一切国家"，既包含社会主义国家又包含资本主义国家。毛泽东这种学习和借鉴国外经验冲破社会主义意识形态和社会主义制度束缚的精神，采取的全方位的态度和积极主动的方针，这在当时是难能可贵的。

第二，毛泽东坚持在向外国学习过程中一定要坚守独立自主的基本原则

向外国学习并不代表迷失自己。相反，毛泽东在积极倡导向外国学习、借鉴别国建设和发展经验的同时，还十分强调坚持独立自主基本原则。关于最初不得已的情况下选择苏联模式，毛泽东后来指出："因为我们没有经验，在经济建设方面，我们只得照抄苏联，

---

① 《毛泽东文集》第 7 卷，人民出版社 1999 年版，第 64 页。
② 《毛泽东文集》第 7 卷，人民出版社 1999 年版，第 83 页。
③ 《毛泽东文集》第 7 卷，人民出版社 1999 年版，第 83 页。

特别是在重工业方面,几乎一切都抄苏联,自己的创造性很少。这在当时是完全必要的,同时又是一个缺点,缺乏创造性,缺乏独立自主的能力。"① 毛泽东在1958年3月《在成都会议上的讲话》中指出:"一九五六年四月的《论十大关系》,开始提出我们自己的建设路线,原则和苏联相同,但方法有所不同,有我们自己的一套内容。"② 因此,在社会主义建设中,毛泽东提出了独立自主、自力更生的基本建设原则。他认为,无论是搞革命还是搞建设,都必须坚持这一原则,这强调的是把建设社会主义的基准点用在依靠自身力量方面,发挥主观能动性,自力更生为主,争取外援为辅。在这一方针的指导下,我们迅速恢复了国民经济,胜利地实现了社会主义改造,随后全面开始了社会主义建设并取得了重大成就。独立自主、自力更生,至今仍然是我们党和国家事业发展的立足点。正如邓小平后来总结指出的:"独立自主,自力更生,无论过去、现在和将来,都是我们的立足点。"③ 毛泽东所进行探索的最大功绩在于,它表明了中国共产党人在建设社会主义的过程中决心独立自主地探索,决心走出一条适合本国国情的建设道路,这为邓小平理论的形成和发展奠定了最初的基础。

三、毛泽东为人民服务精神的时代价值

毛泽东同志一贯强调和坚持为人民服务。为人民服务是科学社会主义价值观的重要观点。建设中国特色社会主义的核心和要义在

---

① 《毛泽东文集》第8卷,人民出版社1999年版,第305页。
② 《毛泽东文集》第7卷,人民出版社1999年版,第369—370页。
③ 《邓小平文选》第3卷,人民出版社1993年版,第3页。

于要全心全意为人民服务。为人民服务应该成为我们时代的价值选择，成为中国特色社会主义核心价值体系的重要内容。目前，在我国改革开放的关键时期，建设中国特色社会主义的过程中，要始终坚持全心全意为人民服务。

（一）为人民服务价值观具有深厚的哲学基础

1. 人是生产力中最重要的因素

马克思主义唯物史观认为，生产力决定生产关系，生产关系反作用于生产力。在生产力诸因素中，人，即劳动者是最重要最起决定作用的因素。在人类历史发展的漫长岁月里，正是千千万万的普通劳动者，创造了和创造着人类历史。劳动者即人民群众是人类历史的真正创造者。另外，恩格斯晚年的历史合力论思想也充分说明了人民群众在人类社会历史发展中的作用。

2. 历史合力论说明人的重要作用

恩格斯认为："历史是这样创造的：最终的结果总是从许多单个的意志的相互冲突中产生出来的，而其中每一个意志，又是由于许多特殊的生活条件，才成为它所成为的那样。这样就有无数互相交错的力量，有无数个力的平行四边形，由此就产生出一个合力，即历史结果，而这个结果又可以看做一个作为整体的、不自觉地和不自主地起着作用的力量的产物。因为任何一个人的愿望都会受到任何另一个人的妨碍，而最后出现的结果就是谁都没有希望过的事物。所以到目前为止的历史总是像一种自然过程一样地进行，而且实质上也是服从于同一运动规律的。但是，各个人的意志——其中的每一个都希望得到他的体质和外部的、归根到底是经济的情况（或是

第一章
毛泽东探索社会主义的宝贵经验

他个人的,或是一般社会性的)使他向往的东西——虽然都达不到自己的愿望,而是融合为一个总的平均数,一个总的合力,然而从这一事实中决不应作出结论说,这些意志等于零。相反,每个意志都对合力有所贡献,因而是包括在这个合力里面的。"① 生产力与生产关系原理及历史合力论,充分说明了人民群众在创造人类历史过程中的作用。

3. 人民群众是社会历史的创造者

人民群众是物质财富和精神财富的创造者,同时是变革社会制度的重要力量。作为社会历史观的重要范畴,"人民群众"是一个整体性极强的概念,有着量和质的规定性。量的含义是指绝大多数,质的规定性是指一切对现实社会发展实践起推动作用的人。但是,这里的绝大多数并不表现为一种确定的数量关系,不能用特定而具体的数目字来展示出来。从人民民主专政的基础理论来看,人民群众是指一切社会主义的劳动者和社会主义事业的建设者,一切拥护社会主义的爱国者,一切拥护祖国统一的爱国者这样一个政治集合概念。人民群众是一个政治集合概念,政治性很强。在历史发展过程中,不同的历史时期或不同的历史阶段,人民群众的指向也并不相同。毛泽东指出:"人民这个概念在不同的国家和各个国家的不同的历史时期,有着不同的内容。"② 尽管如此,人民群众的主体部分则是指从事物质资料生产和精神产品生产的劳动群众和广大知识分子。

人民群众是社会历史的创造者。发展依靠人,更是为了人。为

---

① 《马克思恩格斯文集》第 10 卷,人民出版社 2009 年版,第 592 页。
② 《毛泽东文集》第 7 卷,人民出版社 1999 年版,第 205 页。

人民服务的价值观具有深厚的哲学基础。中国特色社会主义核心价值体系要求我们把自己的目标与历史创造者的主体结合起来，确立为人民服务的价值观。

（二）为人民服务是中国共产党人一以贯之的价值选择

中国共产党是中国工人阶级的先锋队，同时是中国人民和中华民族的先锋队，是中国特色社会主义事业的领导核心，代表中国先进生产力的发展要求，代表中国先进文化的前进方向，代表中国最广大人民的根本利益。党的最高理想和最终目标是实现共产主义。党的宗旨是全心全意为人民服务。党的性质、任务和宗旨决定了党始终坚持为人民服务的价值取向。

党为了体现自己为人民服务的价值立场，在自己的工作中一直坚持实行群众路线。一切为了群众，一切依靠群众，从群众中来，到群众中去，把党的正确主张变成群众的自觉行动。密切联系群众是党最大的优势所在，而脱离群众则是党执政后最大的危险所在。党的几代领导人一贯坚持群众路线，倡导和坚持为人民服务的价值观。

毛泽东历来倡导为人民服务，重视密切联系群众。毛泽东向我们提出的最响亮的号召就是：全心全意为人民服务。在《为人民服务》一文中，他指出："我们这个队伍完全是为着解放人民的，是彻底地为人民的利益工作的。"[①] 在这里，他号召党和革命队伍要为人民的利益而工作，要全心全意为人民服务。在《中国共产党的三大作风》这篇文章中，他又指出："我们共产党人区别于其他任何政党

---

① 《毛泽东选集》第3卷，人民出版社1991年版，第1004页。

第一章
毛泽东探索社会主义的宝贵经验

的又一个显著的标志,就是和最广大的人民群众取得最密切的联系。全心全意地为人民服务,一刻也不脱离群众。"① 这是我们党工作的出发点和落脚点。

邓小平十分重视实现人民群众的利益,更加强调群众观点。邓小平指出,人民的利益高于一切的思想是我们必须要坚持的。条件允许的情况下,一定要根据现在的有利条件加速发展社会生产力,使人民的物质文化生活以及精神生活尽快好起来,不断提高和满足人民群众日益增长的物质文化生活需求以及精神需求,是中国共产党人的历史责任。1992年初邓小平同志在"南方谈话"中提出了判断改革开放、中国特色社会主义建设以及各方面工作是非得失的标准,这就是"应该主要看是否有利于发展社会主义社会的生产力,是否有利于增强社会主义国家的综合国力,是否有利于提高人民的生活水平。"② 而其中是否有利于提高人民的生活水平,亦即有利于人民利益的日益增进,具有根本性的实践价值。邓小平同志强调,人民群众是改革的主人。改革能不能深化,最关键的因素是人民群众参与改革的程度;改革能否取得成功,也主要看人民群众满意不满意。邓小平同志把"人民拥护不拥护"、"人民赞成不赞成"、"人民高兴不高兴"、"人民答应不答应"作为制定各项改革政策和措施的出发点和落脚点,这充分体现了马克思主义人民利益第一的观点。

江泽民同志高屋建瓴,总揽全局,创造性地形成和发展了"三个代表"重要思想。"三个代表"重要思想的理论核心就在于我们党始终代表最广大人民群众的根本利益。江泽民同志指出:"人民是

---

① 《毛泽东选集》第3卷,人民出版社1991年版,第1094页。
② 《邓小平文选》第3卷,人民出版社1993年版,第372页。

我们国家的主人,是决定我国前途命运的根本力量。"① "要赢得群众拥护,最根本的是要把实现和维护最广大人民群众的利益作为我们一切工作的出发点和落脚点,努力使工人、农民、知识分子等基本群众共同享受到改革发展的成果。"② "我们党来自人民,植根于人民,服务于人民。建设有中国特色社会主义全部工作的出发点和落脚点,就是全心全意为人民谋利益。"③ "我们党始终坚持人民的利益高于一切。"④ 在江泽民同志的视野里,人民,只有人民,才是我们工作价值的最高裁决者,也是我们所有工作最终指向的服务对象。

胡锦涛同志坚持"以人为本",坚持科学发展观,积极构建社会主义和谐社会,充分发展了我党为人民服务的一贯思想。胡锦涛同志强调指出:"相信谁、依靠谁、为了谁,是否始终站在最广大人民的立场上,是区分唯物史观和唯心史观的分水岭,也是判断马克思主义政党的试金石。"⑤ 历史充分证明,一个政党的兴衰成败主要取决于该政党与人民群众的关系如何。一个政党与人民群众是鱼水关系,必将兴旺发达。如果一个政党脱离人民,必将一败涂地。因此,党要坚持做到"立党为公,执政为民",要坚持做到"权为民所用、情为民所系、利为民所谋"。社会主义荣辱观更是明确指出要"以服务人民为荣、以背离人民为耻",这更是从社会主义价值观上对全体公民提出了明确的价值取向要求。

---

① 《江泽民文选》第2卷,人民出版社2006年版,第261页。
② 《江泽民文选》第2卷,人民出版社2006年版,第444—445页。
③ 《江泽民文选》第2卷,人民出版社2006年版,第45页。
④ 《江泽民文选》第3卷,人民出版社2006年版,第280页。
⑤ 胡锦涛:《在"三个代表"重要思想理论研讨会上的讲话》,人民出版社2003年版,第16页。

第一章
毛泽东探索社会主义的宝贵经验

（三）中国特色社会主义需要弘扬为人民服务的价值观

无论是从历史唯物主义的角度还是从党的一贯做法和要求的角度，全社会都应该重视和树立起为人民服务的价值观。首先，要在思想认识上树立为人民服务的价值观。思想是行动的先导。正确的思想能够产生正义的行动。如果不能有正确的思想做指导，往往不会收到良好的效果。从思想上确立起为人民服务的价值观十分重要。其次，要在工作学习中实践为人民服务的价值观。为人民服务的价值观不是空中楼阁，而是现实工作和学习中切实的行动，应该用实际行动体现为人民服务的价值观。再次，要在日常生活中体现为人民服务的价值观。现实日常生活是丰富多彩的。我们在进行工作和学习之余，还有很多事情要做。其实，在日常生活中，我们依然可以把为人民服务的价值理念贯穿其中。为人民服务决不能仅仅满足于在工作和学习中体现出来。其实在生活的一点一滴，一言一行中，我们都可以体现这种价值观。正如毛泽东同志在《纪念白求恩》一文中所说的："一个人能力有大小，但只要有这点精神，就是一个高尚的人，一个纯粹的人，一个有道德的人，一个脱离了低级趣味的人，一个有益于人民的人。"① 每个人都应该努力做"一个有益于人民的人"。

为人民服务的价值观不是口号，而是切切实实的行动。确立思想，见诸行动，做出成效，这才能说把为人民服务的价值观落到了实处。改革开放的新的历史时期，建设中国特色社会主义现代化和实现中华民族伟大复兴的中国梦的历史进程中，中国特色社会主义

---

① 《毛泽东选集》第2卷，人民出版社1991年版，第660页。

核心价值体系需要我们弘扬和践行为人民服务的价值观。

四、毛泽东社会主义建设宝贵经验研究的意义

中国特色社会主义无论是在道路层面还是在理论体系层面，都奠基和发源于毛泽东社会主义建设思想。尽管毛泽东思想没有包括在中国特色社会主义理论体系当中，但是，这并不能说明毛泽东思想以及毛泽东的社会主义建设经验不对中国特色社会主义产生直接和间接的影响，更不能成为时下否定毛泽东的社会主义建设经验、否定毛泽东思想的重大指导作用的口实和依据。围绕毛泽东社会主义建设的历史进程，紧扣毛泽东社会主义建设取得的宝贵经验这一核心主题，系统地分析、梳理和总结毛泽东社会主义建设的宝贵经验，为中国特色社会主义建设事业和马克思主义中国化理论发展提供有益的经验借鉴和理论支撑。所以，认真研究、分析和总结毛泽东社会主义建设的宝贵经验，对于全面认识毛泽东社会主义建设思想、对于丰富和发展中国特色社会主义理论体系、对于我们正在进行的伟大的改革开放事业以及中国特色社会主义现代化建设事业，对于逐步实现中华民族伟大复兴的中国梦，无疑具有重大的理论意义和现实意义。

毛泽东曾经指出："指导一个伟大的革命运动的政党，如果没有革命理论，没有历史知识，没有对于实际运动的深刻的了解，要取得胜利是不可能的。"① 同样，在不断推进改革开放伟大事业和建设中国特色社会主义现代化的历史进程中，也需要以正确理论为指导。

---

① 《毛泽东选集》第2卷，人民出版社1991年版，第533页。

第一章
毛泽东探索社会主义的宝贵经验

指导中国特色社会主义现代化建设的正确理论,是几代中国共产党人艰辛探索的结果,是共产党人集体智慧的结晶。这个正确指导中国特色社会主义的理论,理所当然地包括毛泽东关于社会主义建设的宝贵经验。因此,深入研究毛泽东社会主义建设宝贵经验具有重要的理论价值、现实价值以及奠基价值,对当代中国的改革开放伟大事业以及中国特色社会主义现代化建设事业都具有十分重要的意义。

(一) 毛泽东社会主义建设宝贵经验研究的理论意义

毛泽东中国社会主义建设艰辛探索的宝贵经验,丰富和发展了科学社会主义学说,创造性地发展了科学社会主义理论,为中国特色社会主义理论的诞生奠定了坚实的思想基础,为马克思主义中国化的一系列最新成果指明了方向。不论是搞革命还是搞建设,毛泽东都始终坚持把马克思列宁主义基本原理与中国革命和建设的具体实际和现实实践相结合,一切从实际出发,一切从中国自己的社会主义建设具体国情出发,以实事求是的精神进行革命和建设的探索和实践。正是秉持了这种"结合法"和实事求是的精神,毛泽东才在中国国际上遭到封锁、国内贫弱落后的情况下,取得了中国社会主义建设的许多宝贵经验,为党的十一届三中全会后形成的正确理论奠定了重要的思想基础。社会主义改造完成以后,毛泽东根据新的实践,不断创造性地丰富和发展了科学社会主义理论。他曾多次要求对于经典著作要尊重,但不要迷信;对马克思也不要怕,马克思也是人。他在主观上希望能打破苏联模式的束缚,走出一条中国自己的建设道路,并在不少方面开始了探索和改革。因此,必须坚持在实践中丰富和发展科学社会主义理论,敢于突破与实际情况不相符合的社会主义的传统观念，必须坚持实事求是的原则，坚持一切从中国社会主义建设的实际出发。毛泽东在进行社会主义建设的探索过程中，将科学社会主义的一般原则与中国社会主义建设的具体实际结合起来，不断发展和创新科学社会主义基本原理，积极寻找适合中国情况的社会主义建设道路，积累的非常宝贵社会主义建设经验，无疑具有重要的理论价值。

毛泽东社会主义建设理论的出发点是立足中国实际情况，把马克思主义运用于中国的社会主义建设实践，从而在中国巩固和发展符合中国实际的社会主义事业。毛泽东在中国社会主义建设探索的实践过程中，以科学社会主义基本原理为指导，同时又不断发展和创新科学社会主义的基本原理，为丰富和发展科学社会主义，做出了积极的贡献，推动了马克思主义的不断中国化。历史和实践证明，只有以马克思列宁主义，毛泽东思想以及马克思主义中国化的最新成果作为理论指南，中国的革命、建设、改革、发展才能不断从胜利走向胜利。在探索具有本国特色的社会主义革命和建设的具体道路的过程中，只有把马克思主义理论深深地扎根于本国的具体实践，结合本国自己的社会主义革命和建设的实际，马克思主义才能无往而不胜，社会主义革命和建设才能不断取得新的胜利。

（二）毛泽东社会主义建设宝贵经验研究的现实意义

毛泽东对中国社会主义探索积累的宝贵经验，为后人开创社会主义建设新境界提供了可资借鉴的丰富的思想营养。我们今天正在坚持的中国特色社会主义道路以及中国特色社会主义理论体系，正是奠基在毛泽东对社会主义建设探索取得的宝贵经验的基础上逐步形成的。毛泽东不断探索社会主义建设与中国实际和实践相结合，

第一章
毛泽东探索社会主义的宝贵经验

不断推进马克思主义中国化，开创性地做出了对中国社会主义建设的巨大贡献。虽然毛泽东从1956年到1976年这20年的社会主义建设艰难曲折的探索中，有成有败、有得有失，这都为以后的社会主义继续探索和前进提供了宝贵的经验，正如邓小平同志所评价的：毛泽东同志"在这些方面，他都提供了一个基础"[①]。毛泽东对社会主义的探索，给后人开辟社会主义建设道路提供了借鉴。毛泽东带领全党、全国人民所进行的伟大探索虽然遭到了严重的挫折，但正是这些正反两个方面的经验和教训，才使我们真正成熟起来，而且毛泽东在社会主义探索中的失误毕竟是在力图寻找适合中国国情的社会主义建设道路过程中出现的，他在理论上又有许多闪光的思想。正如毛泽东在1960年6月《十年总结》一文中所总结的："前八年照抄外国的经验。但从一九五六年提出十大关系起，开始找到自己的一条适合中国的路线。一九五七年反右整风斗争，是在社会主义革命过程中反映了客观规律，而前者则是开始反映中国客观经济规律。"[②] 毛泽东在领导中国社会主义建设探索过程中的失误与我们党自十一届三中全会以来对社会主义探索的新突破都充分说明，我们必须坚持在实践中丰富和发展科学社会主义理论，敢于突破与实际情况不相符合的社会主义的传统观念，必须坚持将解放思想实事求是的原则贯彻到底，始终坚持一切从中国自己社会主义建设的实际出发。正是毛泽东同志在社会主义建设艰辛探索过程中明确中国的发展要坚持社会主义道路，要坚持发展生产力，要发展商品经济，要尊重价值规律，中国的社会主义建设才取得了政治、经济、文化、

---

① 《邓小平文选》第2卷，人民出版社1994年版，第297页。
② 《建国以来重要文献选编》第13卷，中央文献出版社1996年版，第418页。

科教等方面的巨大成就，才为后来中国特色社会主义理论的产生、形成和发展奠定了理论和实践基础。毛泽东把他的一生都毫无保留地献给了中国新民主主义革命和中国的社会主义革命和建设事业。毛泽东在探索社会主义建设过程中的宝贵经验和一些失误，都是我们的宝贵财富，都对我们当前的中国特色社会主义事业有着间接或直接的指导和借鉴价值。

以毛泽东为核心的第一代中央领导集体在领导中国人民进行中国社会主义建设道路的探索过程中，有许多成功的宝贵经验和有益启示，也有非常深刻的沉痛教训。但是，无论是成功的经验还是失败的教训，都是我们今天继续探索中国特色的社会主义道路的重要的理论依据和宝贵财富。毛泽东社会主义建设取得的宝贵经验，为以邓小平同志为核心的第二代中央领导集体所继承和发展，成为邓小平理论的一个重要来源；探索过程中所出现的失误和教训，为邓小平等后来的中央领导人所纠正，为后来的中国特色社会主义建设提供了宝贵的借鉴，凸显了其时代性和现实价值。总结毛泽东对社会主义建设的宝贵经验，对于我们目前进行的中国特色社会主义现代化建设，对于我们党加强自身执政能力建设有着非常重要的现实意义。毛泽东社会主义建设宝贵经验是中国社会主义革命和社会主义建设的产物，是中国共产党和全中国人民进行社会主义建设实践的结果，更是毛泽东在实践中带领党和人民艰辛探索的结果。

（三）毛泽东社会主义建设宝贵经验研究的奠基意义

毛泽东是中国社会主义建设的开拓者，他在社会主义建设理论和实践方面作出了巨大的贡献，为中国特色社会主义理论的诞生奠定了坚实的思想基础，对中国化马克思主义的发展具有重要的理论

第一章
毛泽东探索社会主义的宝贵经验

奠基价值。毛泽东同志是举世公认的中国人民的卓越领袖，他一生为缔造中华人民共和国和中国社会主义建设作出了不可磨灭的贡献，为党和人民建立了不朽的功勋。研究和总结毛泽东同志中国社会主义建设取得的宝贵经验，对于新世纪新阶段建设中国特色社会主义具有重要的意义。毛泽东在探索中国社会主义建设的历史进程中，提出了许多正确的主张和观点，形成了关于社会主义建设的许多重要思想。这些思想是构成毛泽东思想的重要内容之一。同时，毛泽东的社会主义建设思想和积累的宝贵经验，也是邓小平理论的主要思想渊源。正如邓小平所说："从许多方面来说，现在我们还是把毛泽东同志已经提出、但没有做的事情做起来，把他反对错了的改正过来，把他没有做好的事情做好。今后相当长的时期，还是做这件事。当然，我们也有发展，而且还要继续发展。"[①] 因此，可以说毛泽东对中国社会主义建设探索的宝贵经验，是中国特色社会主义理论的基点。从这个意义上说，毛泽东社会主义建设宝贵经验，具有创新性，具有开拓性，具有奠基性。

毛泽东对社会主义建设进行全面调查研究，最根本的目的就是要寻找一条适合我国国情的建设道路。通过这一时期的探索，毛泽东以苏联经验为借鉴，总结自己的经验，初步形成了适合中国国情的社会主义建设道路的理论，为后来邓小平提倡解放思想、实事求是，从"什么是社会主义，如何建设社会主义"的高度考虑新时期中国特色社会主义建设问题，奠定了坚实的理论和实践基础。毛泽东在中国社会主义探索中积累的宝贵经验，成为了后来中国化马克思主义最新成果的思想来源。邓小平理论、"三个代表"重要思想以

[①]《邓小平文选》第 2 卷，人民出版社 1994 年版，第 300 页。

及科学发展观等中国特色社会主义理论体系的重大组成部分,都奠定在毛泽东思想和毛泽东社会主义建设宝贵经验的基础上。十一届三中全会以后,邓小平同志实事求是地科学评价毛泽东和毛泽东思想,在新的历史时期把马克思主义与中国具体实践结合起来,形成了新的理论,即邓小平理论。正如江泽民同志所指出的:"邓小平理论是指导中国人民胜利实现社会主义现代化的伟大理论。在当代中国,只有把马克思主义同当代中国实践和时代特征结合起来的邓小平理论,而没有别的理论能够解决社会主义的前途命运问题。邓小平理论是当代中国的马克思主义,是毛泽东思想的继承和发展,是马克思主义在中国发展的新阶段。"① 十三届四中全会以后,以江泽民同志为核心的第三代中央领导集体,站在新的历史起点上,创造性的形成了指导党的建设的"三个代表"重要思想。"三个代表"重要思想是对马克思列宁主义、毛泽东思想和邓小平理论的继承和发展,特别是对邓小平中国特色社会主义理论的继承和发展,反映了当代世界和中国的发展变化对党和国家工作的新要求。"三个代表"重要思想创造性地把党的建设同当今世界和当代中国的发展趋势,同我国社会主义制度的自我完善和发展,同实现中国特色社会主义的宏伟目标和各项任务联系起来,赋予党的性质和宗旨、党的指导思想和党的任务以鲜明的时代内容和时代特征。"'三个代表'重要思想的形成,表明我们党对共产党执政规律、社会主义建设规律和人类社会发展规律的认识,达到了新的理论高度,开辟了马克思主义发展的新境界。"② "三个代表"重要思想同样在毛泽东社

---

① 《江泽民文选》第 2 卷,人民出版社 2006 年版,第 264 页。
② 《十六大以来重要文献选编》上,中央文献出版社 2005 年版,第 362 页。

第一章
毛泽东探索社会主义的宝贵经验

主义建设取得宝贵经验的基础上,结合中国特色社会主义建设实际和新阶段党的建设新的伟大工程的实际,进行了新的发展和创造。党的十六大以来,胡锦涛同志结合时代特点,创造性地系统形成了科学发展观。党的十七大报告指出:"科学发展观,是对党的三代中央领导集体关于发展的重要思想的继承和发展,是马克思主义关于发展的世界观和方法论的集中体现,是同马克思列宁主义、毛泽东思想、邓小平理论和'三个代表'重要思想既一脉相承又与时俱进的科学理论,是我国经济社会发展的重要指导方针,是发展中国特色社会主义必须坚持和贯彻的重大战略思想。"[①] 科学发展观与马克思列宁主义、毛泽东思想、邓小平理论以及"三个代表"重要思想一脉相承,理所当然的奠基在毛泽东社会主义建设宝贵经验的基础上。因此,毛泽东社会主义建设的宝贵经验在很大程度上为邓小平理论、"三个代表"重要思想以及科学发展观等马克思主义中国化的最新成果提供了思想基础,因此,毛泽东社会主义建设积累的宝贵经验,对中国特色社会主义理论体系具有重要的奠基价值。

认真总结毛泽东领导社会主义建设的宝贵经验,能够使我们更好地认识和理解毛泽东思想是中国特色社会主义理论的重要思想基础,能够促使我们正确认识邓小平理论的历史地位,因而具有重要的理论和现实价值。毛泽东关于社会主义建设的正确理论原则和经验总结为中国特色社会主义理论的形成,提供了许多正确的思想,具有宝贵的理论价值。作为中国特色社会主义理论的重要思想来源,对今天仍有重大的思想启迪意义。今天,认真研究和总结毛泽东在

---

① 胡锦涛:《高举中国特色社会主义伟大旗帜 为夺取全面建设小康社会新胜利而奋斗》,人民出版社2007年版,第12—13页。

探索社会主义建设过程中形成的宝贵经验，对于我们坚持、学习、继承和发展马克思列宁主义、毛泽东思想、邓小平理论和江泽民"三个代表"重要思想以及科学发展观，顺利推进实现中华民族伟大复兴的中国梦，都具有深远的历史意义和重要的现实意义。

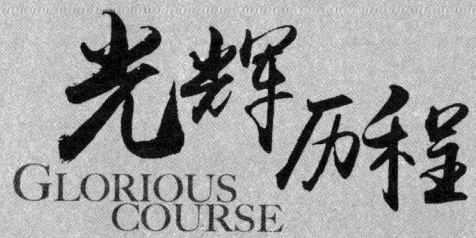

中国特色社会主义理论与实践
The Theory and Practice of Socialism with Chinese Characteristics

第二章

邓小平开创中国特色社会主义

第二章　邓小平开创中国特色社会主义

邓小平领导中国人民开创了中国特色社会主义。中国特色社会主义是在继承和发扬毛泽东对中国社会主义建设宝贵经验的基础上，把马克思列宁主义与中国社会主义现代化建设和时代特征相结合而产生的新的理论飞跃。中国特色社会主义是中国共产党人探索中国社会主义建设过程中形成的集体智慧的结晶。中国特色社会主义的创立、形成和发展有其自身的时代条件和外部环境，同时继承和发扬了毛泽东对中国社会主义建设的宝贵经验，形成了一套完整的基本理论架构和具体的战略思路。新时期新阶段，我们仍然需要毫不动摇地继续坚持四项基本原则，毫不动摇地继续坚持和完善中国特色社会主义。

一、中国特色社会主义形成的时代条件和外部环境

中国特色社会主义的产生和创立有着独特的时代条件，同时受到外部环境的影响和制约，才在特定历史时期得以发展。时代条件既有客观方面的，也有主观努力方面的，共同促成了中国特色社会主义创立的时代背景。同时，国际上外部大环境也影响和促成了中

国特色社会主义的诞生。总之一句话，中国特色社会主义是时代的产物，是历史的必然。

（一）中国特色社会主义形成的时代条件

中国特色社会主义创立的时代条件包括客观条件和主观条件等方面，认真分析中国特色社会主义创立的条件，对于我们更好地历史性地把握中国特色社会主义，具有重要的历史意义。

1. 客观条件

第一，我国社会主义建设的历史教训。以毛泽东为首的第一代中央领导集体，在领导中国革命取得胜利以后，开始了对建设社会主义的探索。在对社会主义进行长期建设的过程中，党中央提出了许多正确的社会主义建设的理论原则。但是，这些正确的理论原则并没有得到很好的贯彻，而是在实践中发生了许多重大的偏离。致使社会主义建设在初始阶段遭到了很大挫折。反右扩大化，"大跃进"，"文化大革命"等重大的历史性偏离社会主义建设，促使社会主义在最初的建设过程中积累了经验的同时也给我们留下了深刻的历史教训。这些历史教训包括经济上不能追求纯而又纯的公有制，不能只强调计划经济而否定和忽视市场对经济建设的作用，不能靠变革生产关系来促进经济发展，而应该大力发展生产力；政治上不能靠政治运动来管理国家和社会事务，要靠法制和民主，要充分发挥人民代表大会和政治协商会议的作用，形成党领导下的政治合作体制；思想文化上要解放思想，实事求是，要积极贯彻和落实"百花齐放、百家争鸣"的方针政策，形成团结奋进的生动局面。这些历史经验和教训，为后来邓小平同志开辟社会主义建设提供了新的思路。

"文化大革命"结束后，我国面临许多现实的问题。国家经济处

第二章
邓小平开创中国特色社会主义

于崩溃的边缘，物资产品短缺，人民生活水平低，文化生活单调，基本的生活用品得不到满足。这种局面促使人们开始思考社会主义建设问题。因此，一阵思想解放思潮喷薄而出，这就是关于真理标准问题的大讨论。确立"实践是检验真理的唯一标准"① 这条思想路线，为新时期改革开放扫清了思想障碍，从而促使人们反思"什么是社会主义，如何建设社会主义"② 的基本问题。

第二，我国改革开放的实践经验。"思想是行动的先导"。思想一旦扭转，很多问题便会迎刃而解。十一届三中全会确立了解放思想、实事求是的思想路线后，改革开放便先在农村展开。农村改革的启动是从"包产到户"开始的。"包产到户"是农村打破大锅饭、改变平均主义的自发行动。当时这一好的生产模式得到了中央的认可和肯定，从而得以在全国推广，最后以党和国家基本制度的形式稳定下来。这一重要举措成了中国全面改革开放的先声。

改革在农村奠定基础后，接着在城市也逐步展开。城市改革是伴随着对计划经济的调整而逐步展开的。理论上我们走过了从计划经济到有计划的商品经济，从计划与市场相结合的经济制度到建立、发展和完善社会主义市场经济体制的过程。实践的改革从东部向中部，从中部向西部也逐渐展开。城市的改革在企业上下了很大功夫。同时不断改革行政管理体制，改革党政关系，推动改革不断向深层次发展。

改革同时伴随着开放进行。开放也经历了由点到线、由线到面的过程。先是搞经济特区，继而开放沿海城市，接着搞经济开发区，

---

① 《邓小平文选》第3卷，人民出版社1993年版，第28页。
② 《邓小平文选》第3卷，人民出版社1993年版，第116页。

最后由沿海沿江向内地全面铺开。改革与开放是相伴而行的。改革为开放提供了动力,开放为改革创造了环境。改革开放对中国的生产力、综合国力和人民生活水平的提高起到了巨大的促进作用。改革开放积累了许多重要的经验,为邓小平理论的形成奠定了基础,为中国特色社会主义理论的形成提供了实践经验。

第三,和平与发展成为时代主题。伴随着科技革命的不断进行,世界经济飞速发展。当我们打开国门,看到外面世界巨大变化的时候,我国与国外许多国家的差距已经十分巨大。时代变化很快。改革开放初期,我们国门一打开,日本电器迅速登陆中国市场,对中国产生很大的影响。同时,中国周边的国家和地区也发展迅速,形成明显差别的是亚洲四小龙的崛起。如果我们与欧美发达资本主义国家的差别能够找到原因和理由的话,那么与我们情形类似的四小龙的发展和崛起,便不好提出有说服力的理由。"落后就不能生存。"[①] 这逐渐形成了共识。改变落后面貌的办法,就是改革开放。不断改革开放,不断发展生产力,才是中国的出路。

随着科技革命的兴起,世界经济的日新月异,时代的主题也在发生新的变化。20世纪七八十年代,资本主义国家在发展中逐步意识到,战争是对经济发展的重大威胁,就逐渐改变战争思维和冷战思维,开始向和平的道路转向。同时,社会主义阵营也由于长期的体制僵化,经济发展缓慢,各种压力大而不断调整思路。逐渐走向改革的同时也在调整对外政策,也逐渐向和平的思路转变。和平与发展代替了战争与革命的思维,成为了时代主题。时代主题的变化促进了国家政策的转变,改革开放、发展经济成了国家政治生活的

[①] 《邓小平文选》第2卷,人民出版社1994年版,第270页。

第二章
邓小平开创中国特色社会主义

主题。

2. 主观条件

首先,邓小平的个人品质。邓小平同志是伟大的革命家、政治家、战略家,是中国革命、建设、改革、发展的卓越领导人。邓小平同志曲折而丰富的革命经历,身经百战的战争历程,使其形成了鲜明的革命风格和卓越的个人品质。邓小平同志不畏艰难,意志坚定,思想敏锐,热爱人民,把毕生精力献给了中国的革命、建设和改革事业。长期的革命和斗争考验,锻造了邓小平同志坚强的品格。这种品格里面,包含着明确的目的性和方向性,那就是为了中国的社会主义建设事业,为了中国人民的幸福安康而工作。"邓小平同志深情地说:'我是中国人民的儿子,我深深地爱着我的祖国和人民。'"[①] 这饱含深情的告白蕴含着邓小平同志一心为国为民的真情。"我出来工作,可以有两种态度,一个是做官,一个是做点工作。我想,谁叫你当共产党人呢。既然当了,就不能够做官,不能够有私心杂念,不能够有别的选择。"[②] 为人民而工作是邓小平一切行动的最高目的和方向,一切工作的出发点和落脚点都以群众拥护不拥护、赞成不赞成、答应不答应、满意不满意作为最高准则。正是邓小平同志这种坚忍不拔的意志和毅力,这种为国为民的高尚情操,逐步形成了邓小平理论的基本内容,不断丰富和发展了中国特色社会主义理论。

其次,邓小平的远见卓识。邓小平同志完全具有一个政治家的远见卓识。他在艰苦环境中度过了许多岁月,对未来充满了信心。

---

① 《十六大以来重要文献选编》中,中央文献出版社2006年版,第152页。
② 《十六大以来重要文献选编》中,中央文献出版社2006年版,第156页。

曾经"三落三起",百折不挠。他以超越常人的远见卓识,带领中国人民开创了一条适合中国国情的中国特色社会主义道路。邓小平同志善于把握时代发展的脉搏,善于继承前人又突破陈规,总是走在时代的最前列。他倡导要借鉴别国经验,但是不能照搬别国模式,要结合中国的国情和实际,进行创造性、开拓性的改革。他从我国的实际出发,从当代世界的实际出发,总结新的工作和实践经验,创造新的解决问题的办法,以超人的远见卓识,带领中国人民走上了富裕小康的道路。邓小平同志还善于以全局的眼光来看待中国和世界的发展,以超前的思维特点来观察和处理国际国内问题。这主要表现在邓小平同志往往在关键时刻,能够以非凡的胆识和超常的勇气,对具体问题作出果断而正确的决策,在不利的国际国内环境中杀出一条血路。凭着这种远见卓识,邓小平同志为中国人民开创了一条通往社会主义现代化的正确道路,为中国的未来展现了光明的前景。

(二) 开启改革开放的外部环境

1. 20世纪七八十年代世界政治经济科技形势

20世纪70年代末期,世界政治经济科技呈现了前所未有的新形势。从70年代开始,国际形势发生了一系列新变化。由于第三次科技浪潮的兴起,带动了整个世界政治经济科技等形势的新变化。第三次科技革命推动了社会生产力的巨大发展。随着社会生产力的发展,世界各国间的经济政治文化间的交流日趋加强。各国间相互联系、相互依赖的程度明显加强,世界经济出现了一体化、全球化的明显趋势。政治上美苏两个超级大国由于长期争霸世界,进行世界范围内的军备竞赛,导致他们耗费了大量的人力物力和财力。二者

第二章
邓小平开创中国特色社会主义

竞争的结果,是谁也消灭不了谁,处于一种势均力敌的状态之中。在这种情况下,美苏两国都不敢轻易在世界范围内挑起战争,都努力避免争端,使世界向着和平的局势发展。到70年代末,美苏争霸趋缓,各国都忙于发展本国生产力和发展本国经济,提高本国国际竞争力和综合国力。此时,资本主义国家因为第三次科技革命的到来,经济发展,政治稳定,社会矛盾趋缓,呈现繁荣稳定发展的良好态势;相反,社会主义国家由于长期体制僵化,生产力发展缓慢,经济上出现困难,人民生活水平下降。世界政治经济科技新变化以及美苏争霸格局的新变化,资本主义国家的大发展和社会主义国家的局部暂时困难,为社会主义国家进行改革开放提供了良好的外部环境。

2. 20世纪70年代末中国与美国、苏联的关系变化

20世纪70年代,世界上对中国影响重大的国家就是美国和苏联。中国与这两个国家的关系,直接影响到中国国内的政治经济文化等各方面的发展和国际上的对外交往。中美关系直接影响中国的国内事务。70年代中美关系开始出现缓和与改善。这是这一时期令全世界瞩目的重大变化和历史事件。中美两国领导人从各自国家利益出发,不断改变两国相互敌视的态度,改变互不接触的政策,开始了两国关系的实质性变化。1972年美国总统尼克松访华,双方领导人经过直接会谈,于1972年2月发表了《中美联合公报》,中美关系取得突破性进展,这是两国关系新变化的显著标志。尼克松访华后,中美两国建立了直接联系的渠道,关系不断向前发展,这直接推动和促进了中美关系的发展和改善。1979年中美两国发表上海建交联合公报,实现了两国关系正常化,建立了外交关系。邓小平副总理应邀访美,推动了中美关系的进一步改善。从此,中美两国

由对抗走向全方位接触和多方面合作的历史进程。中美建立和实现良好的外交关系,为中国的国内改革和发展创造了良好的国际环境。

20世纪70年代,中苏关系变得紧张。这种紧张,既促进了中美发展外交关系,也为中国改革开放提供了便利条件。60年代末70年代初,苏联在加紧同美国全球争霸的同时,进一步加强对中国的压力和军事部署。70年代,苏联从北、西、南三个方面对中国形成包围之势。中苏举行了边界谈判,但毫无进展,中苏两国同盟关系破裂。整个70年代,中苏关系一直处于紧张状态中。中苏关系恶化,促使中国思考改变同西方国家的关系,同时,减弱和消解了苏联对中国的各种影响,中国开始从自己的实际出发,思考自己的建设和发展问题。这无疑为中国改革开放的顺利提出和实施提供了良好的外部机遇。

3. 20世纪七八十年代世界上社会主义国家兴起改革浪潮

20世纪七八十年代,苏联东欧等社会主义国家困难重重,为了摆脱困境,各国逐渐走上改革道路,苏东改革为中国的改革开放开启了思路,提供了借鉴。70年代,苏联东欧国家经济增长近乎停滞,经济增长率逐渐下降,这表明高度集中的计划经济体制不能适应集约型经济的发展,推动苏联东欧国家提出改革传统体制的问题。当时,世界上大多数社会主义国家都对苏联模式进行了不同程度的改革。这是具有重大意义的改革浪潮。匈牙利是这次改革浪潮的主力。早在1956年匈牙利就进行了改革现有社会主义体制的探索,可惜遭到苏联的激烈反对而不能顺利进行。1956年波匈事件后,匈牙利继续谨慎地探索改革,到60年代末70年代初,终于找到了一种新的管理体制,这种新体制,既不同于苏联高度集权的计划经济,也不同于南斯拉夫分权的市场经济,而是把计划指导和市场调节结合起

第二章
邓小平开创中国特色社会主义

来,既保持国家在宏观经济方面的调节和控制作用,又发挥微观经济组织的积极性和主动性。同一时期,捷克斯洛伐克等其他社会主义国家也进行了改革探索。这些社会主义国家的改革都程度不同地遭到了苏联的反对。但是,这些社会主义国家的改革所形成的浪潮,也给探索中的中国社会主义建设提供了新的思路。在这种改革浪潮的影响和带动下,中国进行社会主义改革和探索也就成了情理之中的事情。

二、总结经验的基础上探索中国特色社会主义

中国特色社会主义是在继往开来、承上启下的过程中逐步提出、形成和发展起来的。继往开来,就是在全面总结毛泽东建设中国社会主义的经验和教训的基础上,继承发展,开拓创新,开创了中国特色社会主义。同时,中国特色社会主义的创立,也是新时期在不断探索社会主义的新的实践中逐步完成的。这个承上启下的过程,最初提出的是"建设有中国特色的社会主义",后来我们党把它归结为邓小平理论。正是邓小平通过邓小平理论创立了中国特色社会主义,为后来的中国特色社会主义理论体系的发展奠定了坚实的理论基础。

(一)毛泽东探索社会主义的经验与教训

无论就优点、成绩和经验上讲,还是就缺点、失误与教训方面来说,毛泽东领导党和人民进行的中国社会主义建设的探索都有很多值得总结的宝贵经验。从1956年到1976年,毛泽东一直致力于艰辛探索中国社会主义建设,并积累了许多宝贵的经验。邓小平针

对评价历史人物曾经指出:"在分析他的缺点和错误的时候,我们当然要承认个人的责任,但是更重要的是要分析历史的复杂的背景。只有这样,我们才是公正地、科学地、也就是马克思主义地对待历史,对待历史人物。"① 因此,恰当地分析和总结毛泽东社会主义建设的经验和教训,站在历史唯物主义的高度,客观地评价毛泽东社会主义建设的艰辛探索及其经验教训,对于全面建成小康社会、发展中国特色社会主义十分必要。正是在对毛泽东建设中国社会主义经验和教训进行全面总结的基础上,邓小平开创了中国特色社会主义。

1. 1949 年以后毛泽东领导社会主义建设的经验

1949 年中华人民共和国成立后,中国社会主义建设在探索中开始启动。由于各种原因,这些最初的探索既有好的经验和成绩,也有失误与教训。就成绩和经验上讲,中国社会主义建设的探索还是有很多值得总结的。

首先,在政治上,建立了人民当家作主的、无产阶级专政的社会主义国家政治体制。解放前夕,毛泽东同志就提出要建立人民民主专政的各级政权。建国前夕在中国共产党领导下,在各民主党派共同参与下起草并在中国人民政治协商会议上通过的《中国人民政治协商会议共同纲领》,是一部人民民主的建国纲领,起到了临时宪法的作用。《共同纲领》规定:中华人民共和国的根本政治制度,是用普选的方法产生的、真正民主的人民代表大会制度,最高政权机关为全国人民代表大会。有了这个共同的政治思想基础,在中国共产党的领导下,中央和地方各级人民政府顺利建立,有力地保证了

---

① 《邓小平文选》第 2 卷,人民出版社 1994 年版,第 172 页。

第二章
邓小平开创中国特色社会主义

建国初期的战争顺利进行，经济形势迅速转变，人民生活不断得到改善，社会稳定等关系到国计民生的重大问题逐步得以解决。新中国最终建立的是中国共产党领导下的人民当家作主的人民民主专政的社会主义国家。这样的政权既能保障对人民的民主，又能保证对敌人的有效专政，还能团结社会各党派、各阶层的人民广泛参加国家的政治生活，共同搞好国家建设。

其次，在经济上，基本建立了中国社会主义的国家工业体系。建国初期，在以毛泽东为首的党中央集体领导下，全国人民自力更生，艰苦奋斗，逐步建立了我国的工业体系。新中国是在旧中国半殖民地、半封建社会的破烂摊子的基础上开始进行恢复和建设的。1953年毛泽东同志指出："从中华人民共和国成立，到社会主义改造基本完成，这是一个过渡时期。党在这个过渡时期的总路线和总任务，是要在一个相当长的时期内，逐步实现国家的社会主义工业化，并逐步实现国家对农业、对手工业和对资本主义工商业的社会主义改造。这条总路线是照耀我们各项工作的灯塔，各项工作离开它，就要犯右倾或'左'倾的错误。"① "总路线是照耀一切工作的灯塔。"② 在这条总路线的指引下，仅仅用了短短几年的时间，到1956年就胜利地完成了对所有制的社会主义改造任务，基本上建立起了崭新的社会主义经济制度。在苏联的帮助下，逐步建立了独立的、比较完整的工业体系和国民经济体系。经济方面的成就主要表现在国民经济总量大幅度增长，社会总产值和国内生产总值也大幅度增加。另外工业生产也快速增长。与此同时，农业、商业、建筑

---

① 《毛泽东文集》第6卷，人民出版社1999年版，第316页。
② 《建国以来毛泽东文稿》第4卷，中央文献出版社1990年版，第251页。

业、交通运输业等方面也取得了重大成就，得到了很大发展。在迅速医治战争创伤、经济获得较大发展的基础上，人民生活水平总体上比以前有了较大改善。

再次，在科技文教方面，毛泽东领导社会主义建设过程中也取得了骄人的业绩。新中国成立后，伴随着社会主义革命和建设的浪潮，新中国的科技、文化和教育事业取得了很大的发展。为了充分调动知识分子的积极性，充分发挥他们的作用，为社会主义建设服务，1956年4月毛泽东在中央政治局扩大会议上提出"百花齐放、百家争鸣"的方针。以此为指导，新中国的科技、文化和教育等事业迅速发展，科技文教从建国时的几乎空白，全国大多数人都处于文盲、半文盲状态迅速发展成为具有比较完整的科技文教体系，形成了庞大的知识分子队伍，并掌握了以"两弹一星"为代表的一定的先进科学技术。我国实施的"两弹一星"工程创造了非凡的业绩，培养和造就了一大批战略科学家和科技领军人才。"两弹一星"研制、发射的成功实践表明新中国科技取得了重大发展，科技走到了世界前列。

最后，在社会主义道路探索上，毛泽东带领党和人民坚持走符合中国实际情况的社会主义道路。在我国社会主义建设的初期，由于苏联斯大林模式的弊端还没有充分显现出来，由于斯大林在国际共产主义运动中的威望和权威，由于世界上只有一个比较成熟的社会主义国家，所以中国也同其他社会主义国家一样，总体上照搬了苏联的斯大林模式。但是，随着社会主义建设实践的发展，毛泽东同志开始明显感到斯大林模式存在着很大的弊端。于是毛泽东同志明确提出了马克思列宁主义要和中国实际相结合，要以苏联和别国经验为鉴戒，走自己的、符合中国情况的社会主义道路。毛泽东同

第二章
邓小平开创中国特色社会主义

志明确指出,在中国搞社会主义建设,不能照抄、照搬苏联的那一套,要在坚持社会主义原则基础上,走中国独特的社会主义建设道路。正是毛泽东同志在社会主义建设初期明确中国的发展要坚持社会主义道路,要坚持发展生产力,中国的建设才取得了政治、经济、文化、科教等方面的巨大成就,才为后来中国特色社会主义理论的产生、形成和发展奠定了理论和实践基础。

2. 建设社会主义过程中的失误及教训

恩格斯曾经指出:"伟大的阶级,正如伟大的民族一样,无论从哪方面学习都不如从自己所犯错误的后果中学习来得快。"[①] 毛泽东领导中国社会主义建设取得了巨大的成就和宝贵的经验,我们在看到建国后社会主义建设的优点和成就的同时,还要看到这段时期中国社会主义建设中也存在很多的缺点、失误及教训。由于种种原因,建国后社会主义建设过程中存在的失误和教训也不少,值得我们好好总结。正是在毛泽东社会主义建设经验和教训的基础上,在新的历史时期邓小平才带领中国共产党和中国人民创立了中国特色社会主义理论,推动社会主义建设实现了质的飞跃。概括起来说,毛泽东在社会主义建设过程中政治、经济、社会主义道路等方面的失误表现在:

首先,在政治上,政治运动接连不断,严重影响了国家建设和人民群众建设社会主义积极性的发挥。建国后,从"三反五反"到反右斗争扩大化、再到"文化大革命",国内政治斗争形势日渐变得激烈,最后发展到整个国家政治秩序的混乱、经济建设的崩溃以及文化和社会生活的无序,给国家建设和人民群众生产生活造成了很大的不良影响。

---

① 《马克思恩格斯文集》第 1 卷,人民出版社 2009 年版,第 379 页。

其次,在经济上,良好的"一化三改"没有得到很好地坚持,"一大二公"、"大跃进"、"人民公社化运动"等严重影响了经济建设的顺利进行。超越阶段、超越生产力发展水平的改变生产关系来推进发展,不但没有促进生产力的发展,适得其反,却造成了不好的影响。马克思主义认为,生产力是社会发展的决定力量,只有大力发展生产力,加强经济建设,才能不断提高人民生活水平,才能不断增强综合国力。这种靠变革生产关系来促进发展的办法,实践证明是行不通的。因此,要坚持不断解放和发展生产力,不断加强经济建设。

再次,在文化教育方面主要表现在发动和领导"文化大革命"上。"文化大革命"的历史证明,毛泽东同志发动"文化大革命"的主要论点既不符合马克思列宁主义,也不符合中国实际,这些论点对当时我国阶级形势以及党和国家政治状况的估计,是完全错误的。实践证明,"文化大革命"不是也不可能是任何意义上的革命或社会进步。它根本不是"乱了敌人"而只是乱了自己,因而始终没有也不可能由"天下大乱"达到"天下大治"。历史已经判明,"文化大革命"是一场由领导者错误发动,被反革命集团利用,给党、国家和各族人民带来严重灾难的内乱。

最后,在社会主义道路探索上,对社会主义的历史方位没有准确把握。建国后,我们在相当长一段时间内,没有搞清楚到底"什么是社会主义,如何建设社会主义"这些基本问题。不但如此,我们对整个国家及社会主义所处的历史方位也没有完全搞清楚。这样的认识水平,表现在经济上就是超越阶段,搞"大跃进"、"人民公社化"等,表现在政治就是不断变革生产关系,试图通过改变生产关系来促进生产力的发展,最终带来的是"文化大革命"的全面混乱,严重影响了国家的民主法制建设和安定团结局面的形成。

第二章
邓小平开创中国特色社会主义

为此，邓小平同志在思考和探索新时期有中国特色社会主义建设的时候，首先把握的是思想上要解放思想、实事求是；政治上提出了"什么是社会主义，如何建设社会主义"的基本问题，同时提出社会主义初级阶段理论，为中国特色社会主义建设奠定了良好的思想理论基础；经济上在理论与实践发展中不断开拓前进。首先确立社会主义建设要以经济建设为中心，要不断解放和发展生产力。基本经济制度也从单纯的计划经济向商品经济和社会主义市场经济逐步转变。这样，逐步探索和形成了中国特色社会主义理论体系。

（二）邓小平开启的改革开放伟大实践

1. 经济改革

我国社会主义初级阶段最基本的国情是国家大、人口多、底子薄，生产力落后，商品经济很不发达，文化落后，文盲、半文盲人口占很大比重。这就决定了我们进行现代化建设的起点低，实现现代化的时间比较长。因而这就注定中国的改革道路是一条渐进式的道路。中国经济改革是从确立解放思想、实事求是的思想路线开始，逐步确定以发展生产力为根本任务，不断推进建立和完善社会主义市场经济体制，形成了一条渐进式的改革开放道路。具体做法是由点到面、由下而上、由外促内、由双轨到并轨，不断实践、认识、再实践的稳步推进的改革方式。

我国的改革首先是从农村开始的，是从每一个农户开始的。农村改革先从安徽、四川两省拉开序幕。以安徽省凤阳县小岗村19户农民"包产到户"为发端，逐步改变了过去"三级所有，队为基础"的经营体制。小岗村19户农民包产到户一年，粮食产量从原来的3万多斤猛增到12万多斤，不但第一次向国家交了公粮，而且还归还了以往欠下的贷款。在当时激烈斗争的复杂局面下,邓小平同志认为可以试。邓小平指出:"'凤阳花鼓'中唱的那个凤阳县,绝大多数生产队搞了大包干,也是一年翻身,改变面貌。有的同志担心,这样搞会不会影响集体经济。我看这种担心是不必要的。"① 根据邓小平同志的意见,在总结安徽、四川两省经验的基础上,1980年9月中央印发了《关于进一步加强和完善农业责任制的几个问题的通知》。这样,"包产到户"就正式作为一种农业生产的形式在全国推广开来。家庭联产承包责任制极大地调动了农民的生产积极性,迅速地解放了长期被压抑的农村生产力,成为我国农村改革的关节点和突破口。

城市改革也是从一个个企业、一个个城市开始的,逐步经历了一个探索的过程。1978年10月,四川省对宁江机床厂等6个企业进行扩权试点,拉开了城市经济体制改革的序幕。在总结经验的基础上,四川把试点单位扩大到100家。1979年5月,国家经委、财政部等6个部门在京、津、沪选择首钢等8个企业进行改革试点。同时,按照中央统一部署,各省也自定了试点单位。1979年7月,国务院发布了《关于扩大国营工业企业经营管理自主权的若干规定》,进一步扩大试验的范围。1984年5月,又发布《关于进一步扩大国营工业企业自主权的暂行规定》,逐步向国营工业企业放权。在对企业进行试点的基础上,又在湖北沙市和江苏常州进行城市经济体制综合改革试点,在重庆进行大城市改革的试验。这些局部的、探索性的改革,为从1984年起的全面改革积累了经验,奠定了基础,开辟了道路。

对外开放是从创办经济特区开始,逐渐走向全方位开放的。1979年初,习仲勋同志提出广东应拿出一个地方来率先对外开放。

---

① 《邓小平文选》第2卷,人民出版社1994年版,第315页。

第二章
邓小平开创中国特色社会主义

广东省委研究后提出，先在深圳、珠海试办特区，希望中央放权。邓小平首先表示赞成，建议中央批准广东的要求。1979年2月，中央批转了广东、福建省委《关于对外经济活动实行特殊政策和灵活措施的两个报告》，决定先在深圳、珠海试办经济特区，取得经验后再考虑在汕头、厦门设置。经济特区建立后，取得了高速发展，呈现出一派兴旺景象。邓小平同志1984年初视察深圳、珠海、厦门三个特区后高兴地为深圳特区题词："深圳的发展和经验证明，我们建立经济特区的政策是正确的。"[1] 此后，我国又开放了沿海14个城市，又相继开放长江三角洲，珠江三角洲，闽南漳厦泉三角区，辽东半岛、胶东半岛，兴办海南大特区，开放浦东，逐渐形成了全方位、多层次、有重点的对外开放的格局。

正是由于中央采取了由点到面、逐步推进的方式，增强了改革过程的可逆性和可调性。试验成功了就推广，不成功就调整，局部的损失不会影响大局的稳定，不会造成大的震荡。正如邓小平同志所说："我们农村改革之所以见效，就是因为给农民更多的自主权，调动了农民的积极性。现在我们把这个经验应用到各行各业，调动各方面的积极性。"[2] "我们最大的试验是经济体制的改革。改革先从农村开始，农村见了成效，我们才有勇气进行城市的改革。城市改革实际上是整个经济体制的改革，这是要冒很大风险的。"[3] "由于城市改革的复杂性，可能会出些差错。但这影响不了大局，我们是走一步看一步，有不妥当的地方，改过来就是了。"[4] 从1978年吹

---

[1] 《邓小平文选》第3卷，人民出版社1993年版，第239页。
[2] 《邓小平文选》第3卷，人民出版社1993年版，第242页。
[3] 《邓小平文选》第3卷，人民出版社1993年版，第130页。
[4] 《邓小平文选》第3卷，人民出版社1993年版，第78页。

响改革的第一声号角到 1992 年以后改革的整体配套、全面推进，中央妥善处理改革、发展和稳定的关系，使我国的国民经济在改革中保持了健康、快速发展的良好态势。

2. 政治建设

中国的改革开放是全方位的综合体系。政治体制改革作为改革的一个重要方面，从改革开放初期就与经济、文化等方面等改革一起进行。政治体制改革也是循序渐进式的，从开始的强调法律法规的重要性，到加强法制建设、提倡依法治国，再到强调民主化、法制化，倡导民主法制和民主政治，最后要把依法治国与以德治国相结合，并最终要把坚持党的领导、人民当家作主和依法治国有机统一起来，发展政治文明。

改革开放初期，政治建设面临艰巨的任务。如何通过加强中国特色社会主义民主政治来促进国家的稳定和发展，同时在稳定和发展中加强民主政治建设，这是摆在当时党和国家面前的一个重大课题。没有民主，就没有社会主义。同样，没有民主，就不是社会主义。为此，在实行有中国特色社会主义改革开放政策的初期，在过去政治体制的基础上，党和国家提出要加强法律法规建设，要逐步实现国家管理的法制化、民主化，进而实现依法治国。

依法治国最重要的一个方面是如何保障和实现对于广大人民的民主，走一条适合中国国情的社会主义民主道路，需要全党、全国人民共同努力，共同探索。对于民主，古今中外的理解和认识差别巨大。民主在本意上是指"多数人的统治"，但是在阶级社会里，所谓民主，是在统治阶级内部按照相对多数人的意志处理政务和管理国家和社会。就全社会来讲，多数资本主义国家尽管实行全民直接选举，但是这其中真正起作用的却是金钱和资本，所以这种民主在

第二章
邓小平开创中国特色社会主义

本质上仍然是少数人的民主。与此恰恰相反，社会主义民主实现人民当家作主，从全社会来说则是大多数人的民主。

在我国现阶段，"人民群众"是指包括工人、农民、知识分子和其他社会主义劳动者、社会主义事业的建设者、拥护社会主义的爱国者、拥护祖国统一的爱国者在内的全体人民。人民群众享有广泛的民主。因此，我国民主是真正意义上的社会主义民主。在人民群众内部，我们实行少数服从多数的民主集中制，从而按照相应制度对全社会进行民主管理。这种民主管理的不断发展和完善，最终形成的将是有中国特色的社会主义政治文明。

所谓文明，就是人类在认识和改造世界的漫长历史进程中所取得的成果的具体体现，是推动人类社会不断发展进步的积极成果。文明包括物质文明、精神文明、政治文明等各种具体文明形式。改造自然界的物质成果就是物质文明，改造社会和人的精神层面的积极成果就是精神文明。与物质文明和精神文明不同，政治文明则是一个内涵丰富多元，内容错综复杂的结构体系。政治文明主要是指人类社会政治生活的进步状态和水平，是人类在政治实践中形成的文明成果。建设中国特色社会主义，是经济，政治，文化全面发展的历史进程，是物质文明，政治文明，精神文明全面建设的社会历史进程。

全面建设小康社会是包括物质文明建设、政治文明建设和精神文明建设在内的整个社会生活的全面建设。物质文明、政治文明和精神文明三者之间具有内在的辩证统一关系。物质文明是政治文明和精神文明的物质基础，构成人类文明的基础内容，物质文明的发展程度决定着政治文明和精神文明的发展程度；政治文明为物质文明和精神文明的发展提供政治和法律保障，提供正确的政治方向、良好的政治环境和可靠的制度保障；精神文明为物质文明和政治文明的发展提供思想保证、精神动力和智力支持；政治文明和精神文明共同构成人类文明的上层建筑内容，并且共同为物质文明的发展起着巨大的促进作用。总之，物质文明，政治文明，精神文明三者之间是相互配合，相互促进，相互协调的关系。没有社会主义政治文明与物质文明、精神文明的协调发展，就没有社会的全面进步，就没有国家的长治久安，也不是中国特色社会主义。建设社会主义政治文明是建设中国特色社会主义的内在要求。正如江泽民同志指出的："发展社会主义民主政治，最根本的是要把坚持党的领导、人民当家作主和依法治国有机统一起来。"①

社会主义民主政治是坚持党的领导、人民当家作主与依法治国的有机统一，是社会主义政治文明的具体体现。坚持党的领导、人民当家作主与依法治国三者之间具有内在的逻辑统一关系。坚持党的领导是人民当家作主和依法治国的根本保证。坚持中国共产党的领导是四项基本原则的核心。党的领导地位是血与火的考验和改革开放的考验的必然结果，是历史的必然，是人民的选择。社会主义民主政治建设和依法治国都离不开党的坚强领导。离开党的领导这个政治核心，不但人民当家作主和人民民主无法得到实现，而且依法治国和法制建设的正确政治方向也不会得到保证。人民当家作主是社会主义民主政治的本质要求。人民当家作主是党的先进性的要求和体现。推进党的决策的科学化和民主化是保障人民当家作主权利实现的重要途径。完善深入了解民情，充分反映民意，广泛集中民智，切实珍惜民力的决策机制是保证人民当家作主权利实现的重要制度保障。依法治国有利于保障人民民主权利的实现，有利于保

---

① 《江泽民文选》第3卷，人民出版社2006年版，第553页。

第二章
邓小平开创中国特色社会主义

证人民的政治、经济、文化和社会权利的全面实现。人民当家作主是我们的事业取得胜利的力量源泉和重要政治保证。依法治国是党领导人民治理国家的基本方略。依法治国，就是广大人民群众在党的领导下，依照宪法和法律规定，通过各种途径和形式管理国家事务，管理经济文化事业，管理社会事务，保证国家各项工作都依法进行，逐步实现社会主义民主的制度化和法律化。建设社会主义政治文明就是在党的领导下，维护人民主人翁地位的过程和保证人民实现当家作主的过程。所以，社会主义政治文明是坚持党的领导，人民当家作主和依法治国的有机统一，三者的有机统一为发展社会主义民主政治指明了方向。

3. 文化发展

建设有中国特色社会主义文化，必须坚持为人民服务、为社会主义服务的"二为"方向和百花齐放、百家争鸣的"双百"方针，这是党在总结我国文化发展历史经验的基础上提出来的方针和政策，符合文化发展的规律，为繁荣社会主义文化指明了正确的方向。要坚持两个文明一起抓，加强精神文明建设；要坚持经济、政治、文化、社会等各方面共同建设，全面发展。建设有中国特色社会主义文化，必须以马克思列宁主义、毛泽东思想为指导。江泽民同志指出："坚持马克思列宁主义、毛泽东思想的指导地位，是我们立党立国的根本，也是社会主义文化建设的根本，决定着我国文化事业的性质和方向。"① 这是新时期对我国文化建设工作的新总结、新概括，是指导我们文化建设的重要思想。

加强精神文明建设是建设先进文化的重要方面。1980年12月，

---

① 《江泽民文选》第1卷，人民出版社2006年版，第158页。

邓小平在中央工作会议上明确指出:"我们要建设的社会主义国家,不但要有高度的物质文明,而且要有高度的精神文明。"① 那么,什么是精神文明呢?"所谓精神文明,不但是指教育、科学、文化(这是完全必要的),而且是指共产主义的思想、理想、信念、道德、纪律,革命的立场和原则,人与人的同志式关系,等等。"②

社会主义精神文明是社会主义本质的体现。经济、政治、文化、社会四者是形成人类社会的四个基本因素,四者相互作用,相互影响。在经济、政治、文化、社会四者当中,文化是灵魂,没有文化就等于没有灵魂,而精神文明建设是文化建设的重要方面。精神文明建设能为物质文明建设提供精神动力、智力支持和思想保证。精神文明建设会促使社会主义社会展现出崭新的精神风貌。精神文明重在建设。社会主义精神文明建设的目标是培育有理想、有道德、有文化、有纪律的社会主义公民,提高整个中华民族的思想道德素质和科学文化素质。1982年7月邓小平在军委座谈会上讲话时就指出:"搞社会主义精神文明,主要是使我们的各族人民都成为有理想、讲道德、有文化、守纪律的人民。"③ 他还指出:"教育全国人民做到有理想、有道德、有文化、有纪律。这四条里面,理想和纪律特别重要。"④ "我们历来提倡有理想、有道德、有文化、有纪律,其中最重要的是有理想、有纪律。"⑤ 在这"四有"要求当中,邓小平尤其强调"有理想"和"有纪律"。要坚定不移地坚持马克思主

---

① 《邓小平文选》第2卷,人民出版社1994年版,第367页。
② 《邓小平文选》第2卷,人民出版社1994年版,第367页。
③ 《邓小平文选》第2卷,人民出版社1994年版,第408页。
④ 《邓小平文选》第3卷,人民出版社1993年版,第110页。
⑤ 《邓小平文选》第3卷,人民出版社1993年版,第209页。

第二章
邓小平开创中国特色社会主义

义的指导地位。要通过加强精神文明建设坚持马克思主义的指导，弘扬爱国主义、集体主义、社会主义主旋律，引导人民树立正确的世界观、人生观、价值观。尤其是要加强对青少年的共产主义理想和信念教育，以科学的理论武装他们，以正确的舆论引导他们，以高尚的精神塑造他们，以优秀的作品鼓舞他们。

三、中国特色社会主义的战略思路及基本架构

（一）中国特色社会主义的战略思路

1. 在国内，积极推进"三步走"发展战略，到20世纪末叶达到人均800美元，实现小康，21世纪中叶把中国建设成为中等发达国家

邓小平把社会主义现代化建设同中华民族复兴的伟大事业统一起来，制定了"三步走"的现代化发展战略，从贫困到温饱、从温饱到小康、从小康到现代化，为实现中华民族的复兴伟业绘制了宏伟蓝图。邓小平根据中国具体的国情和经济社会发展的实际，高瞻远瞩地提出了中国现代化建设"三步走"的发展战略，为中国经济社会健康、持续、稳定地发展提供了理论上的指导。邓小平"三步走"发展战略的形成，经历了一个不断认识、发展和完善的过程。"三步走"发展战略最初来源于两步走的发展战略。所谓两步走是指从1981年算起，到20世纪末，"大体上分两步走，前十年打好基础，后十年高速发展"[①]。要不断发展生产力，提高经济效益，"发

---

① 《邓小平文选》第3卷，人民出版社1993年版，第9页。

展经济,到本世纪末翻两番,国民生产总值按人口平均达到八百美元,人民生活达到小康水平"①。随着改革开放的不断稳步进行,邓小平根据我国经济发展的良好形势,开始对中国现代化建设的发展战略进行了跨世纪的思考,制定"三步走"的发展战略。邓小平指出:"我们原定的目标是,第一步在八十年代翻一番。以一九八〇年为基数,当时国民生产总值人均只有二百五十美元,翻一番,达到五百美元。第二步是到本世纪末,再翻一番,人均达到一千美元。实现这个目标意味着我们进入小康社会,把贫困的中国变成小康的中国。那时国民生产总值超过一万亿美元,虽然人均数还很低,但是国家的力量有很大增加。我们制定的目标更重要的还是第三步,在下世纪用三十年到五十年再翻两番,大体上达到人均四千美元。做到这一步,中国就达到中等发达的水平。这是我们的雄心壮志。"②邓小平的"三步走"发展战略,是推进中国现代化建设和实现中华民族伟大复兴的全新战略,是一个跨世纪的伟大发展战略。党的十四大、十五大在肯定"三步走"发展战略的基础上,对第三步战略目标又进行了更为全面的部署:即在21世纪的头十年实现国民生产总值比2000年翻一番,使人民的小康生活更加富裕,形成比较完善的社会主义市场经济体制;再经过十年的努力,到建党一百年时,使国民经济更加发展,各项制度更加完善;到21世纪中叶建国一百年时,基本实现现代化,把祖国建设成为富强、民主、文明的社会主义国家。到那时,中国将进入世界中等发达国家的行列,中国人民将达到现代化基础上的共同富裕,中华民族将实现伟大的复兴。

---

① 《邓小平文选》第3卷,人民出版社1993年版,第77页。
② 《邓小平文选》第3卷,人民出版社1993年版,第226页。

第二章
邓小平开创中国特色社会主义

"三步走"发展战略是一个适合中国国情的具有中国特色的社会主义发展战略，必将推动中国在本世纪中叶达到中等发达国家水平，并将最终实现社会主义现代化。

2. 国际上，贯彻和平发展思想，不称霸，不当头，韬光养晦，有所作为

一个国家的外交政策的制定，取决于这个国家的综合国力以及这个国家对所处国际环境的判断。邓小平和平发展的思想与"韬光养晦、有所作为"的外交政策是建立在对中国国情和当时国际形势的准确判断之上的。对于中国的国情，邓小平指出："中国是个大国，又是个小国。所谓大国就是人多，土地面积大。所谓小国就是中国还是发展中国家，还比较穷，国民生产总值人均不过三百美元。中国是名副其实的小国，但是又可以说中国是名副其实的大国。"[①]时移世易，尽管今天的国际政治和中国的外交环境都发生了很大变化，但和平与发展仍是当今世界的两大主题。当前中国仍然需要采取不称霸，不当头，"韬光养晦、有所作为"的外交政策。新世纪新阶段，虽然国际形势发生着自冷战结束以来最复杂、最深刻的变化，但是"新的世界大战在可预见的时期内打不起来。争取较长时期的和平国际环境和良好周边环境是可以实现的"[②]。当今国际大势，世界要和平，人民要合作，国家要发展，社会要进步，这是不可阻挡的历史潮流。"世界多极化和经济全球化趋势的发展，给世界的和平与发展带来了机遇和有利条件。"[③] 因此，中国有条件韬光养晦、埋

---

① 《邓小平文选》第3卷，人民出版社1993年版，第94页。
② 《江泽民文选》第3卷，人民出版社2006年版，第566页。
③ 《江泽民文选》第3卷，人民出版社2006年版，第566页。

头苦干、抓住机遇、有所作为、发展自己。如何更好地把握新的世界格局的发展规律，如何做到"韬光养晦、决不当头"，同时又"有所作为"，使中国在国际政治中起到应有的作用，这是我们面临的新的实际问题。制定对外战略所依据的最高原则是国家利益。邓小平同志说："考虑国与国之间的关系主要应该从国家自身的战略利益出发。"①"我们都是以自己的国家利益为最高准则来谈问题和处理问题的。"② 当前，我们面临的主要矛盾决定了我们在很长时期内的根本任务是发展生产力，全面建设小康社会，实现"三步走"发展战略目标，完成祖国统一大业并最终实现中华民族的伟大复兴。国家的根本利益要求我们应当自觉遵循"韬光养晦、有所作为"的战略方针。坚持韬光养晦，不当头、不称霸、少树敌，是邓小平在国际风云剧变、形势严峻的20世纪90年代前后提出的对外战略方针，这一方针创造了有利于我国改革开放和现代化建设的和平国际环境，实现了我国经济社会的快速发展，对我国的外交工作和中国特色社会主义现代化建设具有重大的战略指导意义。

(二) 中国特色社会主义的基本架构

1. 思想路线上，确立解放思想，实事求是，一切从实际出发的思想路线

解放思想、实事求是，走自己的路，建设有中国特色的社会主义，是邓小平理论的精髓。解放思想、实事求是，是我们党的思想路线，是马克思主义的精髓、毛泽东思想的精髓，也是邓小平理论

---

① 《邓小平文选》第3卷，人民出版社1993年版，第330页。
② 《邓小平文选》第3卷，人民出版社1993年版，第330页。

第二章
邓小平开创中国特色社会主义

的精髓。作为根本的立场观点和方法，解放思想、实事求贯穿于邓小平理论的始终。邓小平重新确立的解放思想、实事求是的思想路线集中体现了马克思主义哲学的本质要求，并形成了实事求是的完整而有序的系统，同时还深刻提示了解放思想与实事求是的辩证统一关系，进一步深化了实事求是与历史唯物主义的关系，突出了这条思想路线的价值观的内容，赋予实事求是以新的内涵。在新的历史时期，邓小平在重新恢复和确立实事求是思想路线的过程中，进一步把党的实事求是的思想路线概括为："实事求是，一切从实际出发，理论联系实际，坚持实践是检验真理的标准，这就是我们党的思想路线。"[①] 这一概括第一次把实事求是作为由四个基本要素所构成的统一整体来把握，把党的实事求是思想路线推进到一个系统化和整体化的阶段。实事求是是这条思想路线的核心和根本点。一切从实际出发是这条思想路线的前提和基础。理论联系实际是这条思想路线的根本内容和根本方法。在实践中检验真理和发展真理是这条思想路线的实际运动发展过程。这条思想路线具有鲜明的针对性、完整性、准确性和可操作性，对于指导我国社会主义现代化建设具有重要的理论意义和现实意义。

2. 发展道路上，最重要的是搞清楚"什么是社会主义、如何建设社会主义"，坚持走自己的路，建设有中国特色社会主义

"什么是社会主义，如何建设社会主义"是邓小平在领导中国改革开放和社会主义现代化建设的过程中，不断提出和反复探索的首要的基本的理论问题。不搞清楚这个问题，就不能明确中国的发展

---

① 《邓小平文选》第 2 卷，人民出版社 1994 年版，第 278 页。

方向和正确道路,更谈不上巩固和发展社会主义。改革开放初始阶段,邓小平为什么提出这个问题呢?这是总结历史和思考现实的产物。在我国社会主义建设的历史上,我们坚持了以公有制为基础、以按劳分配为主体的社会主义经济制度,坚持了共产党领导的人民民主专政的社会主义政治制度,坚持了以马克思列宁主义、毛泽东思想为指导的社会主义意识形态,这种社会主义的根本制度必须坚持,不能动摇。问题是我们在历史上常常脱离生产力来抽象地谈论社会主义,这主要表现在:一是违背社会关系一定要适应生产力状况的规律,无视我国既落后又极不平衡的生产力状况,片面地追求公有制的纯洁性,把一些有利于生产力发展的政策措施当作资本主义加以排斥,"一大二公三纯"成为我们生产关系的形式;二是不顾经济发展的客观规律,夸大了人的主观能动性,阶级斗争、群众运动、"高指标、高速度"、"抓革命、促生产"成为我们经济发展的模式和主要手段;三是在分配领域搞平均主义,"一平二调三共产"的分配方式一度盛行。这些错误的做法严重地挫伤了劳动者的积极性,阻碍了生产力的发展,使社会主义发生了扭曲和变形,也使我国历史上处于20年的停滞和徘徊之中。至于那种"宁要贫穷的社会主义,不要富裕的资本主义"的荒谬绝伦的说法,更是丑化了社会主义。当我们结束了几十年连绵不断的政治运动和十年"文化大革命"以后,睁开眼睛看世界,却发现新技术革命突飞猛进,一些国家和地区实现了经济的长足发展,而中国仍然滞留在贫穷国家行列。"贫穷不是社会主义,更不是共产主义。"[①] 这是邓小平同志反思历史、正视现实后发出的呐喊。正如邓小平指出的:"问题是什么是社

---

① 《邓小平文选》第3卷,人民出版社1993年版,第64页。

第二章
邓小平开创中国特色社会主义

会主义,如何建设社会主义。我们的经验教训有许多条,最重要的一条,就是要搞清楚这个问题。"① 我国在改革开放前的曲折和失误,归根结底就在于没有完全搞清楚这个问题。而要搞清楚这个问题,关键是要在坚持社会主义基本制度的同时,对社会主义本质进行再思考、再认识。邓小平根据马克思主义的基本原理,总结社会主义的实践经验,经过不懈的探索和深邃的思考,科学地、精辟地揭示了社会主义的本质。他指出:"社会主义的本质,是解放生产力,发展生产力,消灭剥削,消除两极分化,最终达到共同富裕。"② 关于社会主义本质的这一理论新概括,为建设中国特色社会主义理论奠定了基础,科学地回答了"什么是社会主义,如何建设社会主义"这一首要的基本理论问题,指出了中国的改革开放必须坚持社会主义道路,必须坚持走自己的路,建设有中国特色的社会主义。

3. 发展阶段上,我国目前处于社会主义初级阶段,一切要从社会主义初级阶段的实际出发

对于社会主义发展阶段的认识,经历了一个曲折的历史过程。从历史上看,几乎所有的社会主义国家,在对社会主义发展阶段的认识上,都发生了以"左"为特征的错误,其基本的经验教训是:对本国经济文化的落后状况认识不足,对建设社会主义的长期性复杂性和艰巨性缺乏思想准备,急于求成,盲目求纯,实行超越社会主义发展阶段的路线和政策,损害了社会主义事业。70 年代末 80 年代初,随着改革开放的逐步进行,特别是党的十一届三中全会以后,

---

① 《邓小平文选》第 3 卷,人民出版社 1993 年版,第 116 页。
② 《邓小平文选》第 3 卷,人民出版社 1993 年版,第 373 页。

伴随着确立和恢复解放思想、实事求是的思想路线，党和国家逐渐清醒地认识到了我国的国情和发展阶段。正如邓小平和其他中央领导同志所提出的，中国人口众多，人均耕地少，国家底子很薄，且80%是农民，人均受教育程度低。这是我国的基本国情。同时，我国的社会主义制度还处于初级阶段，物质文明、精神文明等都处于不发达的阶段。整个国家尚需要大力发展生产力，尚需要不断搞好物质文明、精神文明等建设，不断满足人民群众日益增长的物质文化需要。在1987年党的十三大上，我们党全面总结了十一届三中全会以来全党探索我国社会主义发展阶段的思想成果，全面系统地阐述了社会主义初级阶段理论。后来，在党的十四大、十五大上，党又对社会主义初级阶段理论进行了新的总结和论述，使社会主义初级阶段理论成为建设有中国特色的社会主义的重要基础理论。

社会主义初级阶段理论包括两层含义：第一，我国社会已经是社会主义社会，我们必须坚持而不能离开社会主义。第二，我国的社会主义社会还处在初级阶段。我们必须从这个实际出发，而不能超越这个阶段。第一层含义阐明了我国现阶段的社会性质是社会主义社会；第二层含义则明确我国的社会主义社会尚处于不发达的阶段。这是一个完整的不可分割的科学的论断。作为我国生产力落后，商品经济不发达条件下建设社会主义必然要经历的特定阶段，是一个上百年的较长的历史阶段。这个阶段从1956年生产资料私有制的社会主义改造基本完成，到下个世纪中叶社会主义现代化的基本实现，我国都将处于社会主义初级阶段。社会主义初级阶段具有其自身特有的特征，在这个阶段，首先，社会主义初级阶段说明我国已经具备了社会主义社会的一般特征。这些一般特征包括共产党领导的人民当家作主的人民民主专政的国家政权；以马克思主义为指导

第二章
邓小平开创中国特色社会主义

的思想文化；以公有制和按劳分配为主体的经济基础等等。其次，还说明我国具有社会主义初级阶段也就是不发达阶段社会主义社会的一些特征。社会生产力落后，经济发展不平衡，自然经济、半自然经济占有相当的比重，生产社会化程度低，商品经济、市场经济不发达等。再次，就是社会主义民主和法制不健全，健全民主法制尚需要一个较长的过程。大量文盲、半文盲存在，严重影响国家经济、政治、文化等各方面的发展。正确认识社会主义初级阶段理论，对于搞好改革开放，搞好社会主义现代化建设具有极为重要的意义。

4. 经济建设上，强调集中力量发展社会生产力，坚持以经济建设为中心，逐步形成和完善社会主义市场经济体制

社会主义现代化建设过程中，必须坚持以经济建设为中心，坚持解放和发展生产力，不断发展和完善社会主义市场经济体制。"一个中心，两个基本点"是党在改革开放新时期的基本路线。以经济建设为中心，大力发展生产力，这是社会主义的本质要求，也是马克思主义的客观要求。"以经济建设为中心"是1978年12月18日召开的党的十一届三中全会确立的治国方略。以经济建设为中心，把工作中心转移到经济建设上来，是党的十一届三中全会上党的政治路线实现的一次重大转折。实践证明，这次转折是一次正确的、伟大的转折。它不仅使我国的社会主义建设重新回到了以经济建设为中心的正确轨道，从而赢得了改革开放以来我国经济的长足发展，而且以此为基础，我国还探索性地走出了一条具有中国特色的社会主义建设道路，丰富和发展了马克思主义关于社会主义建设的理论。生产力是社会生产中最积极最活跃的因素。马克思主义最注重生产力的发展。马克思主义认为，物资资料的生产是人类社会存在和发展的基础，社会生产力是一切社会变革的原动力，资本主义灭亡是社会化大生产日益扩大的必然结果。正如邓小平指出："社会主义阶段的最根本任务就是发展生产力，社会主义的优越性归根到底要体现在它的生产力比资本主义发展得更快一些、更高一些，并且在发展生产力的基础上不断改善人民的物质文化生活。"① 他反复强调："发展才是硬道理。"② 由于我国处于社会主义初级阶段，解决我国所有问题的关键在于发展生产力。不断建立、发展和完善社会主义市场经济体制，是坚持以经济建设为中心，解放和发展生产力的重要举措。市场经济是以市场作为资源配置的基础性手段的经济运行模式，它是随着商品经济的发展而发展起来的。商品经济是为交换而进行生产的经济，而市场则是商品交换的场所及交换关系的总和。随着商品经济的发展，市场成为资源配置的基础性手段，市场经济便由此产生。邓小平同志在1992年南方谈话中指出："计划多一点还是市场多一点，不是社会主义与资本主义的本质区别。计划经济不等于社会主义，资本主义也有计划；市场经济不等于资本主义，社会主义也有市场。计划和市场都是经济手段。"③ 邓小平从理论上突破了计划经济是社会主义，市场经济是资本主义的观念，把计划经济和市场经济从社会经济制度的属性中分离出来，提出了计划和市场都是经济手段的新观念。邓小平的讲话使中国开始了从计划经济转向市场经济，开始了我国经济发展的新纪元。邓小平关于社会主义可以实行市场经济的理论，具有极为重要的创新意义。这一理

---

① 《邓小平文选》第3卷，人民出版社1993年版，第63页。
② 《邓小平文选》第3卷，人民出版社1993年版，第377页。
③ 《邓小平文选》第3卷，人民出版社1993年版，第373页。

第二章

邓小平开创中国特色社会主义

论的确立,是对传统观念和多年社会主义模式的重大突破,为马克思主义理论宝库增添了崭新的内容。在这一正确理论指导下,中国采取了渐进式的、以市场化取向为目标的改革开放方针,并且把建设社会主义市场经济体制作为改革的目标模式,解决了一个关系现代化建设全局的关键性问题,使我国经济发展和现代化建设中许多重大理论和实践问题的解决有了科学依据,对我国经济发展和现代化建设事业产生了巨大的推动作用和深远的历史影响。

5. 政治建设上,发展社会主义民主,健全社会主义法制

在推进经济体制改革的同时,必须积极推进政治体制改革。为民主法制建设创造条件,为改革、发展和稳定提供保证。发展社会主义民主,是建设有中国特色社会主义的内在要求。民主首先是指一种国家制度,是国体和政体的统一。"民主"的基本含义是由人民当家作主,管理国家和社会事务。但是,在不同的社会制度下,"人民"的组成成分有特定的阶级内容,由哪个阶级来执掌国家政权,对谁实行民主,对谁实行专政,这决定了国体的性质。民主作为一种政体形式,是相对于专制而言的。社会主义民主是指以工人阶级为领导的全体人民,依照宪法和法律的规定,在共同享有对生产资料不同形式的所有权、支配权的基础上,享有管理国家和社会事务的权利,其核心内容是人民当家作主。社会主义作为一种先进的社会制度,在政治上、经济上、文化上都有自己的特征,其政治特征就是高度的社会主义民主。发展社会主义民主,离不开社会主义法制的推动和保障;健全社会主义法制,必须符合社会主义民主的要求。社会主义民主的本质要求是人民当家作主,人民拥有管理国家和社会事务的权力。

发展社会主义民主是我们党始终不渝的奋斗目标,邓小平同志

指出:"没有民主就没有社会主义,就没有社会主义的现代化。""社会主义愈发展,民主也愈发展。"① 而民主政治的运行必须以健全的法律制度作保证,一个国家的法制越健全,制度化水平越高,该国的民主政治也就越发达;相反,如果一个国家的法制不健全,制度化水平低,则民主政治运行就会受阻,政治民主化程度就较低。一个国家的法制化程度在很大意义上制约着该国政治民主的发展程度。政治体制改革和民主法制建设是建设有中国特色社会主义的重要任务。在改革开放和社会主义现代化建设过程中,要继续推进政治体制改革,进一步扩大民主,健全法制,依法治国,努力建设富强、民主、文明、和谐的社会主义现代化国家。发展社会主义民主,健全社会主义法制是发展社会主义市场经济的客观需要,是社会主义文明进步的重要标志,是维护社会稳定,国家长治久安的重要保障。

6. 科技进步上,强调科技是第一生产力,大力推进科技进步

邓小平同志一贯重视科学技术。早在1975年邓小平就强调了科研工作要与经济工作协调发展,他说:"如果我们的科学研究工作不走在前面,就要拖整个国家建设的后腿。科学研究是一件大事,要好好议一下。"② 在1978年春全国科学大会开幕式的讲话中,邓小平旗帜鲜明地指出:"现代科学技术的发展,使科学与生产的关系越来越密切了。科学技术作为生产力,越来越显示出巨大的作用。"③ 1988年9月,邓小平进一步指出:"马克思说过,科学技术是生产

---

① 《邓小平文选》第2卷,人民出版社1994年版,第168页。
② 《邓小平文选》第2卷,人民出版社1994年版,第32页。
③ 《邓小平文选》第2卷,人民出版社1994年版,第87页。

第二章
邓小平开创中国特色社会主义

力,事实证明这话讲得很对。依我看,科学技术是第一生产力。"①在这里,邓小平同志就提出了"科学技术是第一生产力"的重要论断,成为我国科学技术创新和发展的根本指导思想。"科学技术是第一生产力"的重要论断,阐释了科学技术在现代经济发展中具有第一位的作用,是最主要的驱动力;说明了科学技术在当代生产力中的地位和作用,丰富和发展了马克思主义关于科学技术学说和生产力理论;揭示了科学技术在当代生产力和社会经济发展中产生的巨大变革和推动作用,丰富和发展了马克思主义的唯物史观。要完整、准确地把握"科学技术是第一生产力"的深刻内涵。"科学技术是第一生产力"主要包括以下内涵:"科学技术是第一生产力"表明了科学技术对劳动者素质具有决定性的作用,它在劳动资料中也具有决定性的作用,同时,科学技术还是劳动对象的重要内容,它对社会变革具有重大的推动作用,是社会发展的革命性力量。"科学技术是第一生产力"的理论对我国中国特色社会主义现代化建设具有重要的指导意义。

7. 军队建设上,建设强大的现代化正规化革命化军队,筑起共和国新的伟大长城

邓小平新时期国防和军队建设思想,是邓小平理论的重要组成部分,是中国共产党在新的历史条件下,坚持和发展马列主义、毛泽东思想的重大成果,是我国进入改革开放和社会主义现代化建设新时期国防和军队建设的指导思想。邓小平同志主持中央军委工作后,强调要把现代化、正规化和革命化三者有机地结合起

---

① 《邓小平文选》第 3 卷,人民出版社 1993 年版,第 274 页。

来，使军队的各项工作都有明确的目标。邓小平指出："我军是人民民主专政的坚强柱石，肩负着保卫社会主义祖国、保卫四化建设的光荣使命。因此，必须把我军建设成为一支强大的现代化、正规化的革命军队。"① 邓小平认为，革命化、现代化、正规化是互相联系、互相促进的统一整体。我军的现代化、正规化是以革命化为前提的现代化、正规化，革命化体现了我军现代化的性质，是区别于其他军队的根本标志。越是现代化，越是要加强政治工作，保证全军坚决听从党中央的调动和指挥，使现代化、正规化建设沿着正确的方向前进。现代化是现代战争对人民军队建设的必然要求，是军队全部工作的中心。军队的现代化建设，主要是指现代科学技术广泛应用于军事领域，包括现代化的武器装备和适应现代化战争的编制体制，具有现代化水平的指挥系统和后勤保障工作，以及具有高度政治觉悟、先进的军事思想和较高的科学文化素养、能够熟练地掌握现代化武器装备和作战方法的人。加强军队建设要坚持党对军队的绝对领导。历史经验告诉我们，军队一旦脱离了党的领导，就会迷失方向、改变性质。无论军队如何改革，人民军队的性质、宗旨不能变，党对军队绝对领导的根本原则不能变。在改革开放和社会主义现代化建设新时期新阶段，坚持党对军队的绝对领导更具有重要的现实意义。加强军队建设，坚持党的领导，建设一支强大的现代化、正规化、革命化军队，筑起共和国新的伟大长城，是新时期中国特色社会主义现代化建设的重要保证。邓小平新时期军队建设思想是一个开放的、在实践中不断发展的科学体系，对于在新的历史条件下，加强我军以信息化为核心的现代化建设，巩固国防

---

① 《邓小平文选》第2卷，人民出版社1994年版，第395页。

第二章
邓小平开创中国特色社会主义

具有十分重要的现实意义。

8. 外交战略上，坚持反对霸权主义，强权政治，积极维护世界和平，不断促进世界发展

对于时代性质和时代主题的判断，对于国际形势及其发展趋势的把握，是一国制定外交战略和具体政策的重要依据和出发点。正确估量和把握时代主题，是无产阶级政党制定正确的对内、对外政策的根本依据。党的十一届三中全会以后，邓小平在设计有中国特色社会主义政治经济蓝图时，密切关注和研究世界形势的发展变化，改变了"战争与革命"的传统时代观，作出了"和平与发展"是当代世界的主题的新论断。邓小平关于"和平与发展"是当代世界的主题的论断，科学地揭示了当今世界的本质特征和发展规律，为我国外交政策的调整提供了重要的理论依据。邓小平指出："世界和平与发展这两大问题，至今一个也没有解决。社会主义中国应该用实践向世界表明，中国反对霸权主义、强权政治，永不称霸。中国是维护世界和平的坚定力量。"① 中国外交战略的目标就是反对霸权、维护和平、促进发展、推动国际政治经济新秩序的早日形成。为了更好地实现这一外交战略目标，必须坚持独立自主的和平外交政策。独立自主的外交政策是以和平共处五项原则为根本原则和基本准则的外交政策，其目的是要维护中国真正独立、平等、自主的国际地位，保护中国的主权和领土完整，不容许外国干涉中国的内政。邓小平强调："独立自主，自力更生，无论过去、现在和将来，都是我们的立足点。"② 独立自主是邓小平外交思想和我国对外政策的基石。

---

① 《邓小平文选》第3卷，人民出版社1993年版，第383页。
② 《邓小平文选》第3卷，人民出版社1993年版，第3页。

面对纷繁复杂的国际局势和变幻莫测的国际风云,邓小平指出,我们要冷静观察,稳住阵脚,沉着应付,韬光养晦,有所作为。坚决维护国家主权独立、领土完整和民族尊严,维护中国的社会主义制度,维护中国人民的生存权、发展权和对国际事务的参与权,这是中国的根本利益和中国对外交往的重要任务。

9. 精神文明上,培育有理想有道德有文化有纪律的社会主义新人,加强社会主义精神文明建设

社会主义精神文明具有固定的内涵和基本内容。邓小平运用历史唯物主义基本原理,总结了社会主义建设的经验,科学地指出:"所谓精神文明,不但是指教育、科学、文化(这是完全必要的),而且是指共产主义的思想、理想、信念、道德、纪律,革命的立场和原则,人与人的同志式关系,等等。"[①]邓小平同志的这一概括揭示了精神文明两个方面的内涵,即教育科学文化和思想道德。精神文明的内涵为正确回答如何建设社会主义精神文明奠定了科学的基础。教育科学文化和思想道德作为精神文明的两个基本方面,是有机的统一体,缺一不可。教育科学文化建设要解决的是民族科学文化素质的提高和现代化建设的智力支持问题,它一方面必须与社会生产力发展的水平相适应,另一方面也是物质文明建设和提高社会成员思想道德水平的重要条件,是精神文明的基础。思想道德则是精神文明的灵魂和核心。思想道德建设所要解决的是个人和整个民族、社会的精神支柱和精神动力以及社会发展方向的问题,从而决定着精神文明、乃至整个现代化建设的性质和方向。它对精神文明

---

① 《邓小平文选》第2卷,人民出版社1994年版,第367页。

第二章
邓小平开创中国特色社会主义

建设、以至于整个中国特色社会主义现代化建设沿着正确的轨道健康发展起导引、推动和保证的重要作用。社会主义精神文明建设最重要的是提高个整个民族的综合素质，培养有理想、有道德、有文化、有纪律的社会主义"四有"新人，特别是要教育好青少年，教育好后代。培养"四有"新人是社会主义精神文明建设的根本目标，为了实现这一目标，要努力做到坚持不懈地对人民群众进行爱国主义、集体主义、社会主义的教育，加强以为人民服务精神为核心，以社会公德、职业道德、家庭美德为重点，以讲文明、讲礼貌、讲卫生、讲秩序、讲道德为基本内容的社会主义道德建设，深入持久地开展群众性精神文明建设活动。

10. 政治保证上，强调始终坚持四项基本原则，从政治上保证社会主义现代化建设的顺利进行

四项基本原则是我们立党、立国和团结全国各族人民奋斗的根本。坚持四项基本原则即坚持社会主义道路，坚持无产阶级专政，坚持共产党的领导，坚持马列主义、毛泽东思想。对于坚持四项基本原则的重要性，邓小平概括指出："这是实现四个现代化的根本前提。"① 邓小平全面系统地阐述必须坚持四项基本原则，是1979年3月30日在党的理论工作务虚会上的讲话中。这次讲话的题目就是《坚持四项基本原则》，而且对四项基本原则一项一项地作了较为详细的阐述。关于必须坚持社会主义道路，邓小平强调："中国只能走社会主义道路。"② "只有社会主义才能救中国，只有社会主义才能

---

① 《邓小平文选》第2卷，人民出版社1994年版，第164页。
② 《邓小平文选》第3卷，人民出版社1993年版，第207页。

发展中国。"① 关于必须坚持无产阶级专政，邓小平指出："无产阶级专政对于人民来说就是社会主义民主，是工人、农民、知识分子和其他劳动者所共同享受的民主，是历史上最广泛的民主。"② "发展社会主义民主，决不是可以不要对敌视社会主义的势力实行无产阶级专政。"③ "没有无产阶级专政，我们就不可能保卫从而也不可能建设社会主义。"④ 关于必须坚持共产党的领导，邓小平说："自有国际共产主义运动以来，就证明了没有无产阶级的政党就不可能有国际共产主义运动。"⑤ "没有中国共产党，就没有社会主义的新中国。"⑥ 关于必须坚持马列主义、毛泽东思想，邓小平指出："我们坚持的和要当作行动指南的是马列主义、毛泽东思想的基本原理，或者说是由这些基本原理构成的科学体系。"⑦ 对于毛泽东思想，邓小平着重指出："毛泽东思想过去是中国革命的旗帜，今后将永远是中国社会主义事业和反霸权主义事业的旗帜，我们将永远高举毛泽东思想的旗帜前进。"⑧ 在分别阐述过必须坚持的四项基本原则的每一个方面之后，邓小平概括起来说："总之，为了实现四个现代化，我们必须坚持社会主义道路，坚持无产阶级专政，坚持共产党的领导，坚持马列主义、毛泽东思想。中央认为，今天必须反复强调坚持这四项基本原则，因为某些人（哪怕只是极少数人）企图动摇这

---

① 《邓小平文选》第3卷，人民出版社1993年版，第311页。
② 《邓小平文选》第2卷，人民出版社1994年版，第168页。
③ 《邓小平文选》第2卷，人民出版社1994年版，第168页。
④ 《邓小平文选》第2卷，人民出版社1994年版，第169页。
⑤ 《邓小平文选》第2卷，人民出版社1994年版，第169页。
⑥ 《邓小平文选》第2卷，人民出版社1994年版，第170页。
⑦ 《邓小平文选》第2卷，人民出版社1994年版，第171页。
⑧ 《邓小平文选》第2卷，人民出版社1994年版，第172页。

第二章
邓小平开创中国特色社会主义

些基本原则。这是决不许可的。每个共产党员,更不必说每个党的思想理论工作者,决不允许在这个根本立场上有丝毫动摇。如果动摇了这四项基本原则中的任何一项,那就动摇了整个社会主义事业,整个现代化建设事业。"① 因此,在政治保证方面,必须始终强调坚持四项基本原则,从政治上保证社会主义现代化建设的顺利进行。

11. 依靠力量上,我们的事业要依靠工人阶级、农民阶级、知识分子来完成,要相信群众,依靠群众,从群众中来,到群众中去

在新的历史时期,我们的事业必须依靠工人阶级、农民阶级、知识分子,必须依靠各民族的团结和合作,必须依靠最广泛的爱国统一战线,必须依靠广大人民群众建设社会主义。邓小平继承和发展了科学社会主义理论,在回答"如何建设社会主义"问题上,深入探索了社会主义建设的依靠力量和途径。第一,社会主义建设事业必须依靠工人、农民、知识分子。邓小平指出:"我们党提出的各项重大任务,没有一项不是依靠广大人民的艰苦努力来完成的。"② 工人阶级是共产党的阶级基础,必须全心全意依靠工人阶级,提高工人阶级队伍的素质,加强工人阶级在社会主义建设中的主人翁地位;广大农民是社会主义建设中人数最多的依靠力量,我国的国情决定了农民不仅是新民主主义革命的同盟军和主力军,也是社会主义现代化建设的依靠力量,要充分认识农村、农业和农民问题,充分调动广大农民的积极性和创造性,建立巩固的工农联盟;知识分子在社会主义现代化建设中承担重大的历史责任,他们是工人阶级

---
① 《邓小平文选》第 2 卷,人民出版社 1994 年版,第 173 页。
② 《邓小平文选》第 3 卷,人民出版社 1993 年版,第 4 页。

中掌握科学文化知识较多的主要从事脑力劳动的一部分人，是先进生产力的开拓者和代表者。邓小平十分重视知识分子在社会主义建设中的作用，他在改革开放初期进行的拨乱反正就是首先从知识分子入手的。在1978年3月全国科学大会上，他提出，知识分子"绝大多数已经是工人阶级和劳动人民自己的知识分子，因此也可以说，已经是工人阶级自己的一部分。"① 邓小平强调指出："这样的革命知识分子，是我们党的一支依靠的力量。"② 邓小平还指出："我们要实现现代化，关键是科学技术要能上去。发展科学技术，不抓教育不行。靠空讲不能实现现代化，必须有知识，有人才。没有知识，没有人才，怎么上得去？"③ 邓小平关于社会主义事业依靠力量理论对我们从社会主义初级阶段的实际情况出发，相信群众，依靠群众，从群众中来，到群众中去，充分团结一切可以团结的力量，充分调动一切可以调动的积极因素，为社会主义现代化建设事业服务具有重要意义。

12. 领导力量上，强调中国的问题关键在于党，要不断加强党的建设，推进党的建设新的伟大工程

在新的社会历史条件下，邓小平全面继承和发展了中国共产党的党建理论。邓小平同志是党建理论的开拓者和创新者，也是党建工作孜孜不倦的耕耘者。邓小平对于中国共产党党的建设理论的重大贡献，具有划时代的意义。邓小平理论提出了完整的党建理论，即坚持和加强党的领导，必须改善党的领导。要改善党的领导，就

---

① 《邓小平文选》第2卷，人民出版社1994年版，第89页。
② 《邓小平文选》第2卷，人民出版社1994年版，第93页。
③ 《邓小平文选》第2卷，人民出版社1994年版，第40页。

第二章
邓小平开创中国特色社会主义

必须重视和加强党的思想、组织和作风建设，继续倡导和发扬我党艰苦奋斗的优良传统和作风。改善党的领导关键是抓好党的建设，也即党的思想、组织、作风建设。思想建设方面，确立了实事求是的思想路线，从中国的国情出发，理论联系实际，端正了全党对待马克思主义、毛泽东思想的态度，使全党能够正确认识和处理马克思主义理论同中国建设实践的关系。组织建设方面，重点抓好党的组织原则和领导制度建设，坚持党的民主集中制原则，选择德才兼备的领导干部，建立起适应社会主义现代化建设需要的高素质干部队伍。作风建设方面，坚持弘扬理论联系实际、密切联系群众、批评和自我批评三大优良作风，坚持艰苦奋斗、与群众同甘共苦、切实代表人民利益。坚持和发扬艰苦奋斗的优良传统，体现了党的全心全意为人民服务的根本宗旨，有助于全体党员和领导干部树立共产主义的世界观和人生观，加强公仆观念，强化服务意识，主动带领群众致富奔小康。密切联系群众，与群众同呼吸共命运，时刻不忘代表广大人民群众的利益，不忘做人民群众的服务员，这样才能更好地服务群众，做群众的贴心人、知心人、暖心人。要不断从思想、组织、作风等方面加强党的建设，推进党的建设新的伟大工程，从而推动中国特色社会主义现代化建设的伟大进程。

13. 祖国统一上，坚持一个国家，两种制度，和平统一祖国

为了实现祖国统一大业，邓小平同志根据国际国内形势的变化和香港、澳门、台湾问题的历史和现状，创造性地提出了"一国两制"的科学构想，用和平的方式解决历史上遗留下来的香港、澳门、台湾问题。邓小平指出："我们的社会主义制度是有中国特色的社会主义制度，这个特色，很重要的一个内容就是对香港、澳门、台湾

问题的处理，就是'一国两制'。"①"一国两制"构想首先是针对解决台湾问题提出来的，进而在具体解决香港、澳门问题的实践中逐步得到发展和完善。"一国两制"的基本内容是：在国家统一的前提下，国家的主体——大陆，坚持社会主义制度，香港、澳门、台湾作为特别行政区保持原有的资本主义制度和生活方式长期不变。"一国两制"的前提首先是"一国"，就是实现中国的统一、富强与民主，维护国家的领土完整与主权的不可分割，"一个中国"是实现和平统一的基础和前提。"一国两制"内容丰富，它的核心是祖国统一，宗旨是和平统一，基础是保持现有的制度不变，原则是和平共处，依据是实事求是。"一国两制"这个伟大构想是从中国实际出发实现祖国和平统一大业的最佳方案。因为正如邓小平所说："只要台湾不同大陆统一，台湾作为中国领土的地位是没有保障的，不知道哪一天又被别人拿去了。"② 所以，就"一国两制"的具体内涵来说，对于不承认自己是中国人、坚持分裂国土的"台独"势力，对于干涉中国内政、顽固阻挠中国实现统一的外国势力，我们不承诺不使用武力。"一国两制"为完成祖国统一大业提供了战略性的指导思想，为祖国统一指明了正确道路，有力地推动了祖国统一的进程，具有重大的现实意义和理论意义。

四、坚持四项基本原则是发展中国特色社会主义的根本

中国特色社会主义伟大旗帜，是当代中国发展进步的旗帜，是

---

① 《邓小平文选》第3卷，人民出版社1993年版，第218页。
② 《邓小平文选》第3卷，人民出版社1993年版，第170页。

第二章
邓小平开创中国特色社会主义

全党全国各族人民团结奋斗的旗帜。高举中国特色社会主义伟大旗帜，最根本的就是要坚持中国特色社会主义道路和发展中国特色社会主义理论体系。中国特色社会主义道路和中国特色社会主义理论体系是中国共产党和中国人民的创造，是历史的选择、人民的选择、时代的选择。中国特色社会主义道路是一条实现国家富强、民族振兴、人民幸福的唯一正确的道路。在当代中国，坚持中国特色社会主义道路，就是真正坚持社会主义。中国特色社会主义理论体系是马克思主义中国化最新成果，是党最可宝贵的政治和精神财富，是全国各族人民团结奋斗的共同思想基础。这个理论体系是不断发展的开放的理论体系。在当代中国，坚持中国特色社会主义理论体系，就是真正坚持马克思主义。

坚定不移地走中国特色社会主义道路，坚定不移地发展中国特色社会主义理论体系，要求我们必须毫不动摇地坚持四项基本原则。"四项基本原则，即坚持社会主义道路，坚持人民民主专政，坚持共产党的领导，坚持马克思列宁主义、毛泽东思想。""坚持四项基本原则，是我们事业健康发展的根本前提和根本保证。"[1] 中国的基本国情和现实生产力发展水平决定了中国必须长期坚持四项基本原则。正如邓小平同志指出，"离开坚持四项基本原则，就没有根，没有方向，也就谈不上贯彻党的思想路线。"[2] "反对资产阶级自由化，坚持四项基本原则，这不能动摇。这一点我任何时候都没有让过步。中国不搞四个坚持能行吗？人民民主专政能不用吗？坚持不坚持人民民主专政，坚持不坚持马克思主义，坚持不坚持社会主义，坚持

---

[1] 《邓小平同志建设有中国特色社会主义理论学习纲要》，学习出版社1995年版，第68页。

[2] 《邓小平文选》第2卷，人民出版社1994年版，第278页。

不坚持共产党的领导,这是个根本问题。"①

首先,要认清社会主义初级阶段的基本国情,坚定不移地走中国特色社会主义道路。邓小平等中央领导同志一再指出,中国人口众多,且农民占多数,人均受教育程度较低,人均耕地少,国家底子很薄,这是我国的基本国情。这种国情决定了我国社会生产力落后,经济发展不平衡,自然经济、半自然经济占有相当的比重,生产社会化程度低,商品经济、市场经济不发达。与这种国情相关联,这就是我国目前处于并将长期处于社会主义初级阶段。中国特色社会主义初级阶段理论包括两层含义:第一,我国社会已经是社会主义社会,我们必须坚持而不能离开社会主义。第二,我国的社会主义社会还处在初级阶段。我们必须从这个实际出发,而不能超越这个阶段。在明确我国的基本国情和我国社会所处的发展阶段的基础上,我们要坚定中国特色社会主义信念,要毫不动摇地坚持、丰富、发展和完善中国特色社会主义。

其次,要明确新时期阶级斗争的新动向,坚持对人民实行民主,对国内外阶级敌人实行无产阶级专政。"新世纪新阶段,我们面临的发展机遇前所未有,面对的挑战也前所未有。"② 挑战方面,已经由原先激烈的阶级斗争转向经济、思想、文化领域的斗争,尤其是西方资产阶级敌对势力不断推行和强化的"和平演变"战略,对我国的危害是潜在的、隐形的。新时期"和平演变"的一个重要特点就是西方加紧了思想意识形态领域里的演变和渗透力度。近来民主社会主义思潮的泛滥,就是这种"和平演变"的结果。我们一定要坚

---

① 《邓小平文选》第3卷,人民出版社1993年版,第299页。
② 《中共中央关于构建社会主义和谐社会若干重大问题的决定》,《人民日报》,2006年10月19日。

第二章
邓小平开创中国特色社会主义

持人民民主专政，坚持对人民实行广泛的民主，对国内外敌对势力实行无产阶级专政。邓小平同志指出："坚持四项基本原则中为什么要有一条坚持人民民主专政？只有人民内部的民主，而没有对破坏分子的专政，社会就不可能保持安定团结的政治局面，就不可能把现代化建设搞成功。"① "对人民实行民主，对敌人实行专政，这就是人民民主专政。运用人民民主专政的力量，巩固人民的政权，是正义的事情，没有什么输理的地方。"②

再次，要坚信中国需要一个富有权威的政党执政，不断坚持、加强和改善党的领导。在中国，要把十几亿人的思想统一起来，要把十几亿人的力量凝聚起来，进行中国特色社会主义现代化建设，必须有一个富有权威的坚强的领导核心。中国共产党就是这样一个领导核心。党的领导地位是党在领导中国人民进行革命、建设和改革的长期实践中形成的。毛泽东同志指出："领导我们事业的核心力量是中国共产党。"③ 在当代中国，共产党的领导仍然是中国特色社会主义事业的核心和关键。如果没有共产党的坚强领导，中国将会是一盘散沙，不仅建设搞不起来，而且整个社会将一片混乱。邓小平同志早在1981年就指出："坚持四项基本原则的核心，是坚持共产党的领导。没有共产党的领导，肯定会天下大乱，四分五裂。历史事实证明了这一点。"④ 因此，要毫不动摇地坚持共产党的领导。坚持党的领导，必须改善党的领导。改善党的领导关键是抓好党的建设，要重视和加强党的思想、组织和作风建设。中国的事情能不能办好，归根结底取决于我们是否

---

① 《邓小平文选》第3卷，人民出版社1993年版，第154页。
② 《邓小平文选》第3卷，人民出版社1993年版，第379页。
③ 《建国以来毛泽东文稿》第4卷，中央文献出版社1990年版，第554页。
④ 《邓小平文选》第2卷，人民出版社1994年版，第391页。

坚持共产党的领导。

最后,要坚信中国需要一个统一的指导思想,要不断丰富和发展马克思主义理论,推进马克思主义中国化创新工程。中国生动的改革开放实践以及进行和发展着的中国特色社会主义现代化建设实践,需要中国有一个高度统一的指导思想。思想是行动的先导。正确的指导思想有助于实践的成功。在当代中国,马克思列宁主义、毛泽东思想以及马克思主义中国化的最新成果,是中国革命、建设和改革的指导思想。马克思主义是最深刻、最彻底地反映客观世界的本质及其发展规律的学说,揭示了世界发展的普遍规律,特别是人类社会历史发展的一般规律。马克思主义基本原理是科学的真理,具有强大的生命力,是振奋中华民族精神的力量源泉。尽管这样,马克思主义要显示其力量,展示其生命力,必须和中国革命、建设和改革的具体实践相结合。只有不断推进马克思主义中国化,用当代中国马克思主义指导新的社会实践,才能保持其强大的生命力,从而推进中国特色社会主义现代化建设事业不断从胜利走向胜利。正如邓小平同志指出的:"中国搞社会主义,强调要有中国的特色。我们坚信马克思主义,但马克思主义必须与中国实际相结合。只有结合中国实际的马克思主义,才是我们所需要的真正的马克思主义。"① 马克思主义中国化,就是使马克思主义基本原理在中国民族化、具体化和时代化,其实质是中国共产党人把马克思主义普遍原理同中国具体实践相结合,对马克思主义理论进行丰富、发展和创新。在当代中国,马克思主义中国化最新成果表现为邓小平理论、"三个代表"重要思想、科学发展观以及习近平治国理政战略思想

---

① 《邓小平文选》第3卷,人民出版社1993年版,第213页。

第二章
邓小平开创中国特色社会主义

等。马克思主义中国化最新成果有一个共同的主题,这就是建设中国特色社会主义。

坚持四项基本原则是发展中国特色社会主义的根本。要毫不动摇地坚持四项基本原则,坚定不移地走中国特色社会主义道路,坚定不移地发展中国特色社会主义理论体系。只有中国特色社会主义才能发展中国、富强中国、幸福人民。

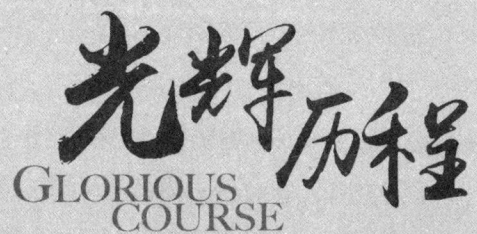

光辉历程
GLORIOUS COURSE
中国特色社会主义理论与实践
The Theory and Practice of Socialism with Chinese Characteristics

第三章

"三个代表"重要思想对中国特色社会主义的深化发展

第三章 "三个代表"重要思想对中国特色社会主义的深化发展

江泽民同志领导中国改革开放和中国特色社会主义建设事业十三年间，取得了举世瞩目的成就。美国前国务卿基辛格这样评价江泽民："我曾经见过江泽民，当时他任上海市长。我没有预料到他会成为领导人，引领中国从灾难走向崛起，让中国爆发出令人震惊的活力和创造力。尽管他开始时有些犹疑，但他实现了人类历史上最快的人均国内生产总值增长，完成了香港的和平回归，重构了中国与美国及世界的关系，让中国走上了成为全球经济强国之路。"[①] 江泽民同志领导中国取得巨大成就的理论力量来源于"三个代表"重要思想。"三个代表"重要思想集中反映了江泽民同志对中国特色社会主义的探索和发展。"三个代表"重要思想是马克思主义中国化进程中的重要理论成果，它与毛泽东思想、邓小平理论是一脉相承的。邓小平理论是中国特色社会主义开创和形成的标志，为后来继续探索中国特色社会主义奠定了基础。"三个代表"重要思想则体现了对

[①] 〔美〕亨利·基辛格：《论中国》，胡利平等译，中信出版社2012年版，第439页。

中国特色社会主义的开拓和深化,为我们今后发展中国特色社会主义提供了新的基点。江泽民同志在党的十六大报告中指出:"大会的主题是:高举邓小平理论伟大旗帜,全面贯彻'三个代表'重要思想,继往开来,与时俱进,全面建设小康社会,加快推进社会主义现代化,为开创中国特色社会主义事业新局面而奋斗。"[①] 这就明确指出了"三个代表"重要思想与邓小平理论的关系,同时阐明了它们在科学社会主义理论发展史以及中国特色社会主义发展史上的地位和价值。

一、"三个代表"重要思想的提出和形成

"三个代表"重要思想指的是中国共产党必须始终代表中国先进生产力的发展要求,代表中国先进文化的前进方向,代表中国最广大人民的根本利益。与邓小平理论相比,"三个代表"重要思想进一步回答了"什么是社会主义、如何建设社会主义"的问题,创造性地回答了"建设什么样的党、怎样建设党"的问题,集中起来就是展现了全党对中国特色社会主义的全新开拓和发展。

(一)"三个代表"重要思想的提出

2000年2月25日,时任中共中央总书记、国家主席、中央军委主席的江泽民同志在广东考察工作时首次提出了"三个代表"重要思想。江泽民同志指出:"总结我们党七十多年的历史,可以得出一个重要的结论,这就是:我们党所以赢得人民的拥护,是因为我们

---

① 《江泽民文选》第3卷,人民出版社2006年版,第528页。

第三章

"三个代表"重要思想对中国特色社会主义的深化发展

党在革命、建设、改革的各个历史时期，总是代表着中国先进生产力的发展要求，代表着中国先进文化的前进方向，代表着中国最广大人民的根本利益，并通过制定正确的路线方针政策，为实现国家和人民的根本利益而不懈奋斗。在新的历史条件下，我们党如何更好地做到这'三个代表'，是一个需要全党同志特别是党的高级干部深刻思考的重大课题。"江泽民同志强调指出，要把中国的事情办好，关键取决于我们党，取决于党的思想、组织、作风、纪律状况和战斗力、领导力水平。只要我们党始终成为中国先进社会生产力的发展要求、中国先进文化的前进方向、中国最广大人民的根本利益的忠实代表，我们党就能永远立于不败之地，永远得到全国各族人民的衷心拥护并带领人民不断前进。2000年5月，江泽民同志在江苏、浙江、上海等地考察工作时再次强调，始终做到"三个代表"，是我们党的立党之本、执政之基、力量之源。2000年10月，江泽民同志在党的十五届五中全会上指出："我们开展的各项工作，都要贯彻落实'三个代表'的要求，看看我们所采取的措施、所做的工作，是不是符合'三个代表'的要求，符合的就毫不动摇地坚持，不符合的就勇于实事求是地纠正。"

2001年7月，在庆祝建党80周年大会上，江泽民同志从历史发展规律和时代进步要求的高度，对"三个代表"重要思想的科学内涵作了全面、深入的阐述。江泽民同志指出："我们党要始终代表中国先进生产力的发展要求，就是党的理论、路线、纲领、方针、政策和各项工作，必须努力符合生产力发展的规律，体现不断推动社会生产力的解放和发展的要求，尤其要体现推动先进生产力发展的要求，通过发展生产力不断提高人民群众的生活水平。""我们党要始终代表中国先进文化的前进方向，就是党的理论、路线、纲领、方针、政策和各项工作，必须努力体现发展面向现代化、面向世界、面向未来的，民族的科学的大众的社会主义文化的要求，促进全民族思想道德素质和科学文化素质的不断提高，为我国经济发展和社会进步提供精神动力和智力支持。""我们党要始终代表中国最广大人民的根本利益，就是党的理论、路线、纲领、方针、政策和各项工作，必须坚持把人民的根本利益作为出发点和归宿，充分发挥人民群众的积极性主动性创造性，在社会不断发展进步的基础上，使人民群众不断获得切实的经济、政治、文化利益。"

继2001年"七一"讲话之后，2002年5月31日，江泽民同志在中央党校省部级干部进修班毕业典礼上发表了重要讲话。江泽民同志指出："'三个代表'同马克思列宁主义、毛泽东思想和邓小平理论一脉相承，反映了当代世界和中国的发展变化对党和国家工作的新要求。'三个代表'是加强和改进党的建设、推进我国社会主义制度自我完善和发展的强大理论武器。"贯彻"三个代表"的根本要求"关键在坚持与时俱进，核心在保持党的先进性，本质在坚持执政为民。"具体而言，要做到"四个必须"，即"必须使全党始终保持与时俱进的精神状态，不断开拓马克思主义理论发展的新境界；必须把发展作为党执政兴国的第一要务，不断开创现代化建设的新局面；必须最广泛最充分地调动一切积极因素，不断为中华民族伟大复兴增添新力量；必须以改革的精神推进党的建设，不断为党的肌体注入新活力。"

2002年11月，在党的十六大报告中，江泽民同志明确提出，开创中国特色社会主义事业新局面，必须高举邓小平理论伟大旗帜，坚持贯彻"三个代表"重要思想。这一思想是对马克思列宁主义、毛泽东思想和邓小平理论的继承和发展，反映了当代世界和中国的

第三章

"三个代表"重要思想对中国特色社会主义的深化发展

发展变化对党和国家工作的新要求，是加强和改进党的建设、推进我国社会主义自我完善和发展的强大理论武器，是全党集体智慧的结晶，是党必须长期坚持的指导思想。这一思想也是在科学判断党的历史方位的基础上提出来的，是在世纪交替的重要历史时刻，中国共产党人基于对国内外形势、党肩负的任务和我党自身建设实际情况的科学分析和把握，从事关党和国家前途命运的高度作出的战略思考，也是我党运用辩证唯物主义和历史唯物主义的立场、观点和方法，总结《共产党宣言》发表以来世界社会主义运动的历史经验，总结我党多年来的历史经验所作出的科学论断。

2003年7月，胡锦涛同志在"七一讲话"中指出，"三个代表"重要思想是面向21世纪的中国化的马克思主义。"三个代表"重要思想对马克思主义理论所做出的十个方面重大理论贡献，集中起来就是深化了我们对中国特色社会主义这个根本问题的全面认识。"三个代表"重要思想结合新的社会主义建设实践，推动了全党对社会主义的新认识，丰富和发展了中国特色社会主义理论。

"三个代表"重要思想紧密结合新的中国特色社会主义实践，明确判断国际国内出现的新形势、新情况，准确认识中国共产党自身面临的新问题、新挑战，适应了当代世界和中国发展变化对党和国家工作的新要求。"三个代表"重要思想是在科学判断党的历史方位的基础上提出来的。我们党历经革命、建设、改革和发展，已经从领导人民为夺取全国政权而奋斗的党，成为领导人民掌握全国政权并长期执政的党。已经从受到外部封锁和实行计划经济条件下领导国家建设的党，成为对外开放和发展社会主义市场经济条件下领导国家建设的党。我们必须从中国和世界的历史、现状和未来着眼，准确把握时代特点和党的任务，科学制定并正确执行党的路线方针政策，认真研究和解决推动中国社会进步和加强党的建设的问题，做到既不割断历史、又不迷失方向，既不落后于时代、又不超越发展阶段，使中国特色社会主义建设事业不断从胜利走向胜利。

(二)"三个代表"重要思想的科学内涵

1. 中国共产党始终代表中国先进生产力的发展要求

这是由党的根本性质所决定的。中国共产党是中国工人阶级的先锋队，同时也是中国人民和中华民族的先锋队，是中国社会主义事业的领导核心。生产力是社会生产方式中最革命、最活跃的因素，也是人类社会发展的最终决定力量。当今世界各种力量的竞争说到底就是包括经济实力、科技实力、文化软实力、民族凝聚力在内的综合国力的竞争。1949年以来，特别是改革开放30多年来，中国的生产力有了较快发展，但总体水平与西方发达国家相比还存在很大差距。无论是在未来的科技竞争中争取一个更加主动、有利的地位，还是解决当前中国经济、社会的各种矛盾，都需要大力发展生产力，把中国的经济建设搞上去。中国共产党建党90多年来所作的一切斗争就是为了解放和发展生产力。要立足中国现实，顺应时代潮流，始终坚持以经济建设为中心，把发展生产力作为我们党的根本任务。"中国共产党始终代表中国先进生产力的发展要求，就是党的理论、路线、纲领、方针、政策和各项工作，必须努力符合生产力发展的规律，体现不断推动社会生产力的解放和发展的要求，尤其要体现推动先进生产力发展的要求，通过发展生产力不断提高人民群众的生活水平。"

2. 中国共产党始终代表中国先进文化的前进方向

社会主义社会是全面发展、全面进步的社会。只有经济、政治、

第三章
"三个代表"重要思想对中国特色社会主义的深化发展

文化协调发展,物质文明和精神文明建设都搞好,才是真正的社会主义。中国共产党只有始终代表中国先进文化的前进方向,大力发展有中国特色的社会主义文化,才能实现我们的目标。在当代中国,发展先进文化,就是发展面向现代化、面向世界、面向未来的,民族的科学的大众的文化。社会主义文化的根本任务是培养有理想、有道德、有文化、有纪律的公民。我们必须始终坚持马克思主义的指导地位,牢牢把握先进文化的前进方向,特别是要和那些反马克思主义的错误思想进行斗争。同时也必须认识到,马克思主义是一个发展的科学,不能把它当成僵硬的教条,必须不断总结人们在实践中产生的新经验和新认识,丰富和发展马克思主义。"中国共产党始终代表中国先进文化的前进方向,就是党的理论、路线、纲领、方针、政策和各项工作,必须努力体现发展面向现代化、面向世界、面向未来的,民族的科学的大众的社会主义文化的要求,促进全民族思想道德素质和科学文化素质的不断提高,为我国经济发展和社会进步提供精神动力和智力支持。"

3. 中国共产党始终代表中国最广大人民的根本利益

代表中国最广大人民的根本利益与代表中国先进生产力的发展要求、代表中国先进文化的前进方向是内在统一的。这种统一不仅仅是理论逻辑上的统一,而且是实践中的统一。发展先进的生产力,是发展先进文化,实现最广大人民根本利益的基础条件。同时,发展先进生产力,又离不开思想道德和教育科学文化水平的提高。思想文化水平的高低,直接关系到劳动者的素质。发展先进生产力与先进文化同广大人民群众的关系,也是如此。人民群众是先进生产力和先进文化的创造主体,也是实现自身利益的根本力量。同时,不断发展先进生产力和先进文化,归根到底都是为了满足人民群众日益增长的物质文化生活的需要，不断实现最广大人民的根本利益。正如江泽民同志所指出的："全党同志一定要坚持把全面落实'三个代表'要求，统一于党的建设的各个方面，统一于党领导人民进行改革开放和社会主义现代化建设的全过程。""中国共产党始终代表中国最广大人民的根本利益，就是党的理论、路线、纲领、方针、政策和各项工作，必须坚持把人民的根本利益作为出发点和归宿，充分发挥人民群众的积极性、主动性和创造性，在社会不断发展进步的基础上，使人民群众不断获得切实的经济、政治、文化利益。"

总而言之，"三个代表"重要思想是发展的、前进的。我们必须在思想上不断有新解放，理论上不断有新发展，实践上不断有新创造，把"三个代表"重要思想贯彻到中国特色社会主义现代化建设的各个领域，体现在党的建设新的伟大工程的各个方面，使我们党始终与时代发展同步伐、共进步，与人民群众同呼吸、共命运。

(三)"三个代表"重要思想是辩证统一的科学理论整体

"三个代表"重要思想是一个相互联系、相互促进的整体。发展先进生产力，是发展先进文化、实现最广大人民根本利益的基础条件。先进文化是人类社会的灵魂，也是人类社会发展的内在驱动力和凝聚力，是人类社会不断进步发展、实现自身本质力量的重要手段。人民群众是先进生产力和先进文化的创造主体，是实现自身利益的根本力量。不断发展先进生产力和先进文化，归根到底都是为了不断实现最广大人民的根本利益"三个代表"密切相联、辩证统一，先进生产力是基础和前提，先进文化是灵魂和旗帜，最广大人民的根本利益是主体和目的，三者统一于党的建设新的伟大工程和建设有中国特色社会主义的伟大实践。

第三章

"三个代表"重要思想对中国特色社会主义的深化发展

"三个代表"重要思想是一个辩证统一的系统的科学理论。"三个代表"重要思想从经济、政治、文化三个基本方面，从改革发展稳定、内政外交国防、治党治国治军等各个具体方面，更为鲜明、更为集中地揭示了新时期党的建设和党的各项工作的本质要求，从而形成了适应新的形势需要、解决新的时代课题的新的科学理论体系。"三个代表"重要思想从中国特色社会主义思想路线、发展道路、发展阶段和发展战略、根本任务、改革发展、对外开放等问题上，从经济建设、政治建设、文化建设、国防和军队建设、爱国统一战线、实现祖国完全统一、外交和国际战略、领导核心、执政党建设、建设中国特色社会主义的根本目的等方面提出了一系列紧密联系、相互贯通的新思想、新观点、新论断。"三个代表"重要思想与马克思列宁主义、毛泽东思想、邓小平理论是一脉相承的科学体系，同时又是一个需要不断丰富和发展的科学理论体系。邓小平理论、"三个代表"重要思想、科学发展观以及实现中华民族伟大复兴的中国梦等一道，构成新的历史时期中国特色社会主义理论体系的核心内容。

进一步开创中国特色社会主义事业新局面，必须高举邓小平理论伟大旗帜，坚持"三个代表"重要思想。党的十六大报告郑重确认："'三个代表'重要思想是对马克思列宁主义、毛泽东思想和邓小平理论的继承和发展，反映了当代世界和中国的发展变化对党和国家工作的新要求，是加强和改进党的建设、推进我国社会主义自我完善和发展的强大理论武器，是全党集体智慧的结晶，是党必须长期坚持的指导思想。始终做到'三个代表'，是我们党的立党之本、执政之基、力量之源。"[①] 胡锦涛同志在党的十八大

---

① 《江泽民文选》第3卷，人民出版社2006年版，第536页。

报告中指出:"以江泽民同志为核心的党的第三代中央领导集体带领全党全国各族人民坚持党的基本理论、基本路线,在国内外形势十分复杂、世界社会主义出现严重曲折的严峻考验面前捍卫了中国特色社会主义,依据新的实践确立了党的基本纲领、基本经验,确立了社会主义市场经济体制的改革目标和基本框架,确立了社会主义初级阶段的基本经济制度和分配制度,开创全面改革开放新局面,推进党的建设新的伟大工程,成功把中国特色社会主义推向二十一世纪。"①

二、"三个代表"重要思想的突出贡献

"三个代表"重要思想对中国特色社会主义建设理论有重大的突破和发展。"三个代表"重要思想在我国的基本经济理论方面、全社会三大文明建设方面、中国特色社会主义先进文化建设方面、人的全面发展以及党的建设新的伟大工程等方面都有突出的贡献和突破性的发展。"三个代表"重要思想成功地把我国中国特色社会主义现代化建设事业全面推向了 21 世纪。

(一)经济理论的重大突破

从中国长期处于社会主义初级阶段这个最大的实际出发,江泽民同志展开了对中国特色社会主义建设过程中的经济问题的探索,形成了一系列经济理论,通过"三个代表"重要思想,实现了对理论的重大突破。秉承邓小平开拓马克思主义理论新境界的创新精神,

---

① 《十八大以来重要文献选编》上,中央文献出版社 2014 年版,第 9 页。

第三章
"三个代表"重要思想对中国特色社会主义的深化发展

针对在社会主义市场经济改革实践中出现的新问题，江泽民同志作出了明确的理论回答。江泽民同志指出："公有制为主体、多种所有制经济共同发展，是我国社会主义初级阶段的一项基本经济制度。这一制度的确立，是由社会主义性质和初级阶段国情决定的：第一，我国是社会主义国家，必须坚持公有制作为社会主义经济制度的基础；第二，我国处在社会主义初级阶段，需要在公有制为主体的条件下发展多种所有制经济；第三，一切符合'三个有利于'的所有制形式都可以而且应该用来为社会主义服务。"[①] 在论述我国基本经济制度的基础上，江泽民同志还深刻阐述了我国公有制经济的含义。江泽民同志认为："要全面认识公有制经济的含义。公有制经济不仅包括国有经济和集体经济，还包括混合所有制经济中的国有成分和集体成分。公有制的主体地位主要体现在：公有资产在社会总资产中占优势；国有经济控制国民经济命脉，对经济发展起主导作用。这是就全国而言，有的地方、有的产业可以有所差别。公有资产占优势，要有量的优势，更要注重质的提高。国有经济起主导作用，主要体现在控制力上。要从战略上调整国有经济布局。对关系国民经济命脉的重要行业和关键领域，国有经济必须占支配地位。在其他领域，可以通过资产重组和结构调整，以加强重点，提高国有资产的整体质量。只要坚持公有制为主体，国家控制国民经济命脉，国有经济的控制力和竞争力得到增强，在这个前提下，国有经济比重减少一些，不会影响我国的社会主义性质。"[②] 江泽民同志不但提出了社会主义基本经济制度，而且还进一步对公有制实现形式的多

---

① 《江泽民文选》第1卷，人民出版社2006年版，第19页。
② 《江泽民文选》第2卷，人民出版社2006年版，第19—20页。

样化问题作了新的论述,指出公有制的实现形式可以而且应当多样化,一切反映社会化生产规律的经营方式和组织形式都可以大胆利用,要努力寻找能够极大促进生产力发展的公有制实现形式。江泽民同志关于社会主义初级阶段理论的新论述,关于调整和完善所有制结构,建立以公有制为主体、多种所有制经济共同发展的基本经济制度,是我们党自十一届三中全会以来一次全新的思想解放,是对邓小平社会主义市场经济理论新的重大发展,是我国经济理论领域的重大突破和创新性发展。

(二) 三大文明建设的全面展开

"三个代表"重要思想继承了党的"解放思想、实事求是"的思想路线,创造性地书写了中国特色社会主义建设理论的新内容。江泽民同志指出:"发展社会主义民主政治,建设社会主义政治文明,是全面建设小康社会的重要目标。"[①] 这里,江泽民同志明确提出了建设社会主义政治文明的思想。建设社会主义政治文明是深化我国政治体制改革的重要内容。作为邓小平理论核心内容的中国特色社会主义建设事业是以邓小平同志为核心的第二代中央领导集体开创和发展的伟大事业。邓小平同志在推进中国特色社会主义伟大建设事业进程中反复强调,建设中国特色社会主义必须坚持物质文明和精神文明"两手抓,两手都要硬"。这被称为两个文明建设的思想。"三个代表"重要思想丰富和发展了邓小平同志两个文明建设的思想,把加强社会主义政治文明建设作为中国特色社会主义理论的重要组成部分,使中国特色社会主义理论更能

---

① 《江泽民文选》第3卷,人民出版社2006年版,第553页。

第三章
"三个代表"重要思想对中国特色社会主义的深化发展

体现出社会全面发展的新要求。政治文明程度是一个社会政治民主化程度的重要标志，也是社会主义优越性的重要体现。建设社会主义政治文明就是要通过制度设计和创新来保证人民充分行使选举、决策、管理、监督的权利，尤其是在干部选拔任用过程中，落实群众应该拥有的"四权"，并建立和完善健全的权力制约机制和监督机制。这些制度安排是社会主义政治文明建设的基本内容和必然要求。建设社会主义政治文明对于充分发扬党内民主，维护党的团结与统一，保持党的战斗力以及推动我国民主政治建设都具有重要意义。江泽民同志建设社会主义政治文明的提出是对建设有中国特色社会主义理论内涵的丰富和发展，是对我国政治建设认识上的一次全新飞跃，是解放思想、实事求是思想路线和与时俱进的思想品格的具体体现。江泽民同志建设社会主义政治文明的理论创见对我国社会主义现代化建设的整体目标要求和实践活动具有重大的指导意义。通过建设社会主义政治文明的提出和发展，成功地把我国两个文明建设推进到三大文明建设阶级，全面丰富和发展了中国特色社会主义建设理论，推进了我国三大文明建设的全面展开。

（三）生产力和科学技术理论的新发展

邓小平关于生产力和科学技术理论，有明确的分析和表述，形成了较为完善的生产力和科学技术理论。邓小平同志指出："改革开放迈不开步子，不敢闯，说来说去就是怕资本主义的东西多了，走了资本主义道路。要害是姓'资'还是姓'社'的问题。判断的标准，应该主要看是否有利于发展社会主义社会的生产力，是否有利于增强社会主义国家的综合国力，是否有利于提高人民的生活水平。"① 邓小平"三个有利于"的重要论断，最核心的还在于发展社会主义社会的生产力。综合国力的增强和人民生活水平的提高都依赖于社会生产力的发展。邓小平社会主义观的核心是发展生产力。发展生产力是"三个有利于"的关键。同时，邓小平还提出"科学技术是第一生产力"②的重要论断，深化了我们对发展生产力的理解。邓小平同志是否有利于发展社会主义社会生产力、科学技术是第一生产力等重要论断，是党代表先进生产力的集中体现和主要标志，是我们党对马克思主义关于社会生产力理论和科学技术理论的重大发展，是中国特色社会主义理论体系关于生产力和科学技术思想的基本观点。江泽民同志"三个代表"重要思想把代表先进生产力的发展要求作为第一个代表，显示了在江泽民同志的视野中高度重视发展先进社会生产力的极端重要性。江泽民同志对于中国共产党代表先进社会生产力的发展要求的重要论断，与邓小平同志"三个有利于"和"科学技术是第一生产力"理论既一脉相承，又做出了重大发展。"三个代表"重要思想对发展生产力要求新、标准高。人类社会的发展史其实就是先进生产力取代落后生产力的历史。中国特色社会主义现代化建设史也必然是一个先进生产力不断取代落后生产力的历史过程。党的先进性是具体的、历史的，必须放在发展先进生产力中去考察。党的先进性还体现在必须不断对落后的生产力进行改造。在中国特色社会主义现代化建设过程中，必须使党和国家的路线、方针、政策和各项工作，努力符合社会生产力发展规律，体现不断推动生产力的解放和发展要求，尤其要体现推动

---

① 《邓小平文选》第3卷，人民出版社1993年版，第372页。
② 《邓小平文选》第3卷，人民出版社1993年版，第274页。

第三章
"三个代表"重要思想对中国特色社会主义的深化发展

先进生产力的发展要求,通过发展先进生产力,依靠发展高新科学技术来增强我国的综合国力,提高我国的文化软实力,改善人民群众的物质和文化生活水平。

"科学技术是第一生产力"理论是对现代科学技术在人类社会发展中起着越来越重要作用的科学分析和准确把握。对于邓小平同志"科学技术是第一生产力"理论,江泽民同志有诸多的思考和新的发展。江泽民同志在2001年"七一"重要讲话中指出:"科学技术是第一生产力,而且是先进生产力的集中体现和主要标志。"[①] 这一重要论述是对邓小平同志关于"科学技术是第一生产力"理论的丰富和发展,具有深远的历史意义和重要的现实意义。"三个代表"重要思想把科学技术是第一生产力与先进生产力联系起来,先进生产力就是以科学技术为代表的生产力,党的十六大报告将实施科教兴国战略和可持续发展战略列为促进中国经济与社会发展的重要经验之一,并再次号召全党坚持实施科教兴国战略,促进科技创新与科学技术产业化。当今世界竞争的焦点是科技与人才的竞争,谁能把握先进的科学技术知识与人才资源,谁就能在竞争中把握主动权和占据优势地位。"三个代表"重要思想敏锐地把握了科学技术这一时代特点,强调要大力推动科技进步和创新,并以此作为社会主义社会发展的动力,并认为这是关系我们党、国家和民族前途命运的大事,具有重大的理论和实践价值。

(四) 文化建设的进一步丰富

"三个代表"重要思想在很多方面丰富和发展了邓小平理论,尤

---

① 《江泽民文选》第3卷,人民出版社2006年版,第275页。

其是在文化建设方面,"三个代表"重要思想丰富和发展了邓小平同志关于社会主义文化的内容。关于社会主义文化建设,邓小平同志十分重视。邓小平强调,要重视发展教育科学文化事业,坚持物质文明和精神文明"两手抓,两手都要硬"。邓小平同志强调指出:"我们要在建设高度物质文明的同时,提高全民族的科学文化水平,发展高尚的丰富多彩的文化生活,建设高度的社会主义精神文明。"①江泽民同志继承前人又突破陈规,社会主义文化建设方面,江泽民同志继续坚持邓小平关于"两个文明一起抓"的思想,在此基础上郑重提出,中国共产党始终代表中国先进文化的前进方向,这就把精神文明建设提升到建设社会主义先进文化层面。江泽民同志强调,要用"三个代表"重要思想统领中国特色社会主义文化建设,既要立足于改革开放和现代化建设实践,着眼于世界科学文化发展前沿,更要积极进行文化创新,不断增强有中国特色社会主义文化的吸引力和感召力。

江泽民指出:"我们党要始终代表中国先进文化的前进方向,就是党的理论、路线、纲领、方针、政策和各项工作,必须努力体现发展面向现代化、面向世界、面向未来的,民族的科学的大众的社会主义文化的要求,促进全民族思想道德素质和科学文化素质的不断提高,为我国经济发展和社会进步提供精神动力和智力支持。"②发展先进文化是我们党始终站在时代前列,保持先进性的根本体现和基本要求。发展先进文化,就是发展中国特色社会主义先进文化,就是建设社会主义精神文明。发展先进文化的根本任务是培养一代

---

① 《邓小平文选》第2卷,人民出版社1994年版,第208页。
② 《江泽民文选》第3卷,人民出版社2006年版,第276页。

第三章
"三个代表"重要思想对中国特色社会主义的深化发展

又一代的"四有"公民,塑造社会主义新人,满足我国中国特色社会主义建设事业对人的需要,同时不断满足人民日益提高的物质和文化精神需求,完成中国共产党人带领人民发展的根本任务,不断实现使人民过上幸福生活的根本目标。发展社会主义先进文化要用"三个代表"重要思想统领社会主义文化建设事业,共同开创中国特色社会主义建设的新局面。

(五)人的全面发展理论的新高度

人是社会生产力和生产关系相互作用的目的和归宿。整个人类社会活动中,人始终处于社会历史活动的中心位置。在现实的社会生活生产活动当中,人处于这样一种状态,这就是人是个人与社会、个体与人类的统一体。唯物史观认为,人是社会物质文明和精神文明的创造者。人在社会生产力和生产关系的相互作用中需要不断实现人的全面发展。人的全面发展理论在马克思主义理论中具有非常重要的地位。人的发展离不开社会的发展,人的发展是社会发展的主题和核心。社会发展的最终目的落脚于人的全面发展。建设社会主义的重要目的之一就是要实现人的全面发展,这是马克思主义的基本观点。马克思在《1844年经济学哲学手稿》中指出:"人以一种全面的方式,就是说,作为一个完整的人,占有自己的全面的本质。"① 马克思基于对人的全面发展的分析,还从历史和现实的视角入手,深入分析了人的全面发展的条件、手段和途径。所谓人的全面发展,即指人的体力和智力的充分、自由、和谐的发展。马克思指出:"一个人的发展取决于和他直接或间接进行交往的其

---

① 《马克思恩格斯文集》第1卷,人民出版社2009年版,第189页。

他一切人的发展。"① 因此,人的全面发展与社会的发展共同构成一个时代命题。

江泽民同志人的全面发展思想既继承了马克思主义人的全面发展理论,又结合新的时代特征,结合中国特色社会主义建设实际,丰富和完善了人的全面发展理论。江泽民同志指出:"我们建设有中国特色社会主义的各项事业,我们进行的一切工作,既要着眼于人民现实的物质文化生活需要,同时又要着眼于促进人民素质的提高,也就是要努力促进人的全面发展。这是马克思主义关于建设社会主义新社会的本质要求。我们要在发展社会主义社会物质文明和精神文明的基础上,不断推进人的全面发展。"② 江泽民同志这一全新论断,是对"什么是中国特色社会主义、如何建设中国特色社会主义"这一基本理论问题思考的新成果。在这里,江泽民同志把人的全面发展作为实现中国特色社会主义的本质要求,这在党的文献中还是第一次。江泽民同志这个新论断是在全面推进中国特色社会主义建设的历史进程中,深入研究推进人的全面发展与推进经济、文化的发展和改善人民的物质文化生活的辩证关系的基础上提出的。这一新的论断,坚持了对马克思主义人的全面发展理论的正确认识,强调了建设中国特色社会主义的价值目的。江泽民同志通过对马克思主义人的全面发展理论的进一步丰富,把人的全面发展理论推向了全新的高度。全面把握和深刻领会江泽民同志人的全面发展理论,对于正确认识改革开放和中国特色社会主义现代化建设的伟大实践,对于推进中国特色社会主义初级阶段人的全面

---

① 《马克思恩格斯全集》第3卷,人民出版社1960年版,第515页。
② 《江泽民文选》第3卷,人民出版社2006年版,第294页。

第三章
"三个代表"重要思想对中国特色社会主义的深化发展

发展，进而实现中华民族的伟大复兴，都具有深远的历史意义、重要的理论意义和全新的实践意义。

（六）党建理论的创新性突破

江泽民同志"三个代表"重要思想对邓小平同志党的建设理论进行了重大创新和发展。作为一个社会主义国家，事关我国前途命运的问题，主要集中在两个方面。第一个是社会主义问题，第二个是党的建设问题。党的十五大对邓小平理论作了精辟的概括，把对中国特色社会主义的认识提高到新的水平。这表明党对中国特色社会主义问题有了比较清晰的认识。世纪之交，为了把中国特色社会主义建设事业全面推向 21 世纪，江泽民同志对党的建设问题进行了深入思考。江泽民同志对"建设一个什么样的党和怎样建设党"这一根本性党的建设问题，通过"三个代表"重要思想进行了系统性地发展和总结。世纪之交，党的建设方面存在许多问题，有些问题还一度比较突出。邓小平同志曾经语重心长地指出："常委会的同志要聚精会神地抓党的建设，这个党该抓了，不抓不行了。"[①] 既然如此，怎样进一步认识党的建设问题，加强党的建设新的伟大工程就显得非常重要。因此，江泽民同志通过党的十四大、十五大比较好地解决了"什么是中国特色社会主义和怎样建设中国特色社会主义"这个根本性问题之后，就开始把工作的重心转向思考和解决党的建设新的伟大工程上来。"三个代表"重要思想就是这些思考和探索的理论结晶。"三个代表"重要思想明确回答了在新世纪新的历史时期"建设一个什么样的党和怎样建设党"这个根本性问题，把党的建设

---

① 《邓小平文选》第 3 卷，人民出版社 1993 年版，第 314 页。

新的伟大工程推进到一个全新的水平。党的十六大把"三个代表"重要思想确立为全党的指导思想,这对于建设好党,不断推进中国特色社会主义建设事业向前发展,意义十分重大。江泽民同志指出,要坚持"党要管党,从严治党"的方针,努力解决和提高党的领导水平和执政水平,提高党拒腐防变和抵御风险的能力,这既是巩固党的执政地位、提高党的执政能力的重要保证,也是新时期党的建设新的伟大工程提出的必然要求。"三个代表"重要思想关于中国共产党是工人阶级先锋队组织,同时也是中国人民和整个中华民族先锋队的理论,是对马克思主义关于共产党的性质理论的创新和发展,体现了时代发展的新要求,符合广大党员干部和人民群众的共同意愿,提高了全党对党的性质的认识水平。

总之,"三个代表"重要思想是面向21世纪的中国化的马克思主义,是新世纪新阶段全党全国人民继往开来、与时俱进,实现全面建设小康社会宏伟目标的根本指针。"三个代表"重要思想提高了我们对中国特色社会主义建设事业的认识新水平,拓宽了我们新时期进行党的建设新的伟大工程的新视野。

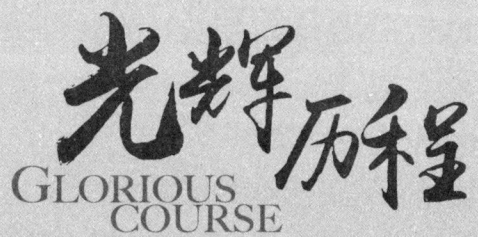

中国特色社会主义理论与实践
The Theory and Practice of Socialism with Chinese Characteristics

第四章

科学发展观指导下构建社会主义和谐社会

第四章 科学发展观指导下构建社会主义和谐社会

以胡锦涛为总书记的中央领导集体在继承前人的基础上，提出、形成并创立了科学发展观，推进了对中国特色社会主义的认识，推动了中国特色社会主义理论体系的新发展。"科学发展观是马克思主义同当代中国实际和时代特征相结合的产物，是马克思主义关于发展的世界观和方法论的集中体现，对新形势下实现什么样的发展、怎样发展等重大问题作出了新的科学回答，把我们对中国特色社会主义规律的认识提高到新的水平，开辟了当代中国马克思主义发展新境界。科学发展观是中国特色社会主义理论体系最新成果，是中国共产党集体智慧的结晶，是指导党和国家全部工作的强大思想武器。科学发展观同马克思列宁主义、毛泽东思想、邓小平理论、'三个代表'重要思想一道，是党必须长期坚持的指导思想。"[①] 邓小平理论重在回答"什么是社会主义，如何建设社会主义"，江泽民"三个代表"重要思想重在回答"建设一个什么样的党，怎样建设

---

① 胡锦涛：《坚定不移沿着中国特色社会主义道路前进 为全面建成小康社会而奋斗》，人民出版社2012年版，第7页。

党",科学发展观则重在回答如何建设中国特色社会主义以及如何构建中国特色社会主义和谐社会。

一、坚持科学发展观推进中国特色社会主义

2003年4月,胡锦涛同志在广东考察时说,要坚持全面的发展观。中共十六届三中全会明确指出:"坚持以人为本,树立全面、协调、可持续的发展观,促进经济社会和人的全面发展。"① 2004年3月10日,胡锦涛同志在中央人口资源环境工作座谈会上发表讲话,深刻论述了科学发展观的基本内涵。他强调指出,坚持以人为本,就是要以实现人的全面发展为目标,从人民群众的根本利益出发谋发展、促发展,不断满足人民群众日益增长的物质文化需要,切实保障人民群众经济、政治和文化权益,让发展的成果惠及全体人民;全面发展,就是要以经济建设为中心,全面推进经济、政治、文化建设,实现经济发展和社会全面进步;协调发展,就是要统筹城乡发展、统筹区域发展、统筹经济和社会发展、统筹人与自然和谐发展、统筹国内发展和对外开放,推进生产力和生产关系、经济基础和上层建筑相协调,推进经济、政治、文化建设的各个环节、各个方面相协调;可持续发展,就是要促进人与自然的和谐,实现经济发展和人口、资源、环境相协调,坚持走生产发展、生活富裕、生态良好的文明发展道路,保证一代接一代地永续发展。2007年6月25日,胡锦涛同志在中央党校省部级干部进修班发表重要讲话时指出:党的十六大以来,党中央继承和发展党的三代中央领导集体关

---

① 《十六大以来重要文献选编》上,中央文献出版社2005年版,第465页。

第四章
科学发展观指导下构建社会主义和谐社会

于发展的重要思想,提出了科学发展观。科学发展观,第一要义是发展,核心是以人为本,基本要求是全面协调可持续,根本方法是统筹兼顾。2007年10月15日,胡锦涛同志在党的十七大报告中深刻论述指出:深入贯彻落实科学发展观,要求我们积极构建社会主义和谐社会。社会和谐是中国特色社会主义的本质属性。科学发展和社会和谐是内在统一的。没有科学发展就没有社会和谐,没有社会和谐也难以实现科学发展。构建社会主义和谐社会是贯穿中国特色社会主义事业全过程的长期历史任务,是在发展的基础上正确处理各种社会矛盾的历史过程和社会结果。2008年9月19日,胡锦涛同志在全党深入学习实践科学发展观活动动员大会暨省部级主要领导干部专题研讨班开班式上发表重要讲话强调:适应新形势,完成新任务,实现新发展,要求我们必须深化用中国特色社会主义理论体系武装全党工作,把深入学习实践科学发展观摆在突出位置,把党的政治优势和组织优势转化为推动经济社会又好又快发展的强大力量,为全面推进社会主义经济建设、政治建设、文化建设、社会建设以及生态文明建设,为全面推进党的建设新的伟大工程,为实现全面建设小康社会的宏伟目标,进一步奠定重要的思想基础、政治基础、组织基础。2010年4月,在全党深入学习实践科学发展观活动总结大会上,胡锦涛同志发表重要讲话认为:要坚持把党的执政能力建设和先进性建设作为主线,以解决影响和制约科学发展的突出问题为重点,把开展学习实践科学发展观活动的成功经验和有效做法运用到经常性工作中去,不断提高党的建设科学化水平,为推动科学发展提供坚强保证。

科学发展观反映了我们党对人类社会发展规律和社会主义建设规律认识水平的进一步提高,是对马克思主义科学社会主义理论的又一重大发展。科学发展观将"以人为本"作为新发展观的核心内容，凸现了马克思主义社会主义观的核心价值和根本目的。科学发展观强调"全面发展"，使整个社会的发展更为和谐。科学发展观强调"协调发展"，体现了经济建设的内在规律和社会主义建设的内在规律。科学发展观的"可持续发展"理念，反映了随着时代进步人类对自身发展与自然环境关系的深刻反思和最新共识，是对传统社会主义观单纯经济增长观的突破和超越。科学发展观是人类发展观的一次新的革命。"五个统筹"发展观是全面的发展观、协调的发展观和可持续的发展观，是一个崭新的科学的发展观。

科学发展观第一要义是发展，核心是以人为本，基本要求是全面协调可持续性，根本方法是统筹兼顾，指明了我们进一步推动中国经济改革与发展的思路和战略，明确了科学发展观是指导经济社会发展的根本指导思想，标志着中国共产党对于社会主义建设规律、人类社会发展规律以及共产党执政规律的认识达到了新的高度。科学发展观是马克思主义中国化的新成果，标志着马克思主义和新的中国国情相结合达到了新的高度和阶段。

面向未来，深入贯彻落实科学发展观，对坚持和发展中国特色社会主义具有重大现实意义和深远历史意义，必须把科学发展观贯彻到我国现代化建设的全过程、体现到党的建设的各个方面。全党必须更加自觉地把推动经济社会发展作为深入贯彻落实科学发展观的第一要义，牢牢扭住经济建设这个中心，坚持聚精会神搞建设、一心一意谋发展，着力把握发展规律、创新发展理念、破解发展难题，深入实施科教兴国战略、人才强国战略、可持续发展战略，加快形成符合科学发展要求的发展方式和体制机制，不断解放和发展社会生产力，不断实现科学发展、和谐发展、和平发展，为坚持和发展中国特色社会主义打下牢固的基础,推进中国特色社会主义迈向更加美好的明天。

二、中国特色社会主义和谐社会的理论基础

社会和谐是中国特色社会主义的本质属性。科学发展和社会和谐是内在统一的。没有科学发展就没有社会和谐,没有社会和谐也难以实现科学发展。我们要构建的社会主义和谐社会,是在中国特色社会主义道路上,中国共产党领导全体人民共同建设、共同享有的和谐社会。把社会和谐明确为社会主义的本质属性,这是我们党的重大理论创新,深化了对社会主义本质的认识,丰富和发展了马克思主义科学社会主义理论。

和谐社会思想源远流长,由来已久。不论是我国古代的思想家,还是空想社会主义的代表人物,都对和谐社会思想进行过论述和探讨。早在春秋战国时期,我国古代先哲就提出了"天人合一"的思想;空想社会主义的代表人物,也从各个方面论述过和谐社会思想;马克思恩格斯更是对和谐社会思想进行了精彩的论述。马克思恩格斯还把"和谐社会"思想上升到理论高度,为我们奠定了社会主义和谐社会的理论基石。这些思想构成了中国特色社会主义和谐社会的思想来源和理论基础。

(一)和谐社会思想根植于中国悠久的历史文化

建设社会主义和谐社会虽然是最近才明确提出的执政理念,但在我国古代文化和社会思想中,和谐社会状态始终是历代先贤圣哲所追求的一种社会理想。探寻中国传统思想文化中的和谐社会思想,

典型的是以孔、孟为源头的儒家积极的和谐思想和以老、庄为代表的具有消极意味的道家和谐思想。

1. 儒家的和谐社会思想

任何一个完整的思想体系，都有它关于社会理想的设计和描绘。孔子的"仁学"当然也不例外。孔子的"仁"，不仅是仁人君子的最高道德理想，同时也是整个社会的最高理想境界。孔子从"仁者爱人"的人道思想出发，倡导以"仁"为核心，重视人，爱惜人，才能处理好人与人之间的关系。"仁"是处理人与人之间关系的基本准则，也是做人的最高准则。由此出发，孔子提出了执中用和，即中庸与"和"、"同"的思想。"喜怒哀乐之未发，谓之中；发而皆中节，谓之和。中也者，天下之大本也；和也者，天下之达道也。"（《论语·中庸》）所谓中庸，乃"执其两端，用其中于民"（《论语·礼记》）之意。所谓"和"，"以他平他谓之和"，说明不同性质的事物可以和谐统一。而"同"则是"以同裨同"，指性质相同的事物可以无差别统一。孔子认为把中庸与"和"、"同"思想联系起来，只要做到中、和，则天下就可以赞天地之化育，达和谐之状态。孔子推崇和谐，他的"中和"以承认矛盾和对立因素存在为前提，采用"致中和"的办法来协调对立面，提倡为人处世"过犹不及"，"执两用中"，使事物的矛盾处于和谐的均衡状态。孔子的中和思想渗透在他学说的各个方面：论及为政，他追求有差等的稳定和谐社会；论及人际交往，他提出"己所不欲，勿施于人"的论断，主张人与人之间和睦相处。可以说，孔子的和谐论是为了实现人际和谐和社会和谐。

孟子在继承孔子的以"仁"为核心的和谐思想的基础上，提出了"天人合一"的学说。孟子认为："天与贤，则与贤；天与子，则

第四章
科学发展观指导下构建社会主义和谐社会

与子。"(《孟子·万章上》)与此同时,他还指出,君权是"天与子,人与子",即君权是天和人共同授予的。在这里,天是虚设的,人则是现实的。因此他又说:"失其民者,失其心也。得天下有道:得其民,斯得天下矣;得其民有道:得其心,斯得民矣。"(《孟子·离娄上》)因此,孟子认为,天人合一,天子的命运最终是在天命下由人民决定的,必须以民为本。"民为贵,社稷次之,君为轻。"(《孟子·尽心下》)这是从人君与臣民的关系上来讲的天人合一。孟子还从人与自然的关系上论证了"天人合一"。"天时不如地利,地利不如人和。"(《孟子·公孙丑下》)这里的天时指的是自然之天。天地人相比较,孟子认为应该更重视人事,认为人心的向背决定天下的命运。然而要顺天时,依地利,求人和,使人际关系与社会关系和谐相处,才能达到和谐的天人合一。因此,天人合一,尊人重民,社会才能处于和谐状态,才能长治久安。

荀子对天人关系在孔孟的基础上作了进一步的发挥和深化。在中国思想史上对"天人合一"作出最有价值阐发的,就是以荀子为代表的"天人相分"观念。然而,"天人相分"观念并非主张天和人的决然对立,他的"制天命而用之"的思想,并不排斥"顺天",即遵循自然规律。他说:"财(通裁)非其类,以养其类,夫是之谓天养。"(《荀子·天论》)自然界的规律制约着人类的生存发展,人类必须顺应自然,利用他物,养活自己。因此,在"天人相分"的表面现象中,又蕴涵着"天人合一"的思想。他指出,"天"是客观存在的自然界,日月星辰,山川草木,阴阳风雨,四时变化,都属于"天"的范畴。"列星随旋,日月递炤,四时代御,阴阳大化,风雨博施,万物各得其和以生,各得其养以成。"(《荀子·天论》)这说明各种自然现象构成"天",各种自然现象"各得其和以生,各得其养以成",有其形成和存在的方式与状态。在天人的关系上,荀子认为天人相应相适而存在。自然之天是客观存在,要尊重其存在的必然性与规律性,同时人也要在"天"面前发挥主观能动性,征服和改造"天",使之为人类服务,人与"天"应该和谐相处。

2. 道家的和谐社会思想

老子把人与自然的统一建立在客观的"道"的基础之上,认为"人法地,地法天,天法道,道法自然"(《老子》第42章)。天、地、人效法于道,统一于道,而道却是自然而然的。老子建立的天人关系,是一种人基于无为状态的与天和谐的思想。老子对社会的认识主要体现在其对"道"的阐述。老子认为,"道"是产生宇宙万事万物的根本。"道生一,一生二,二生三,三生万物。万物负阳而抱阴,冲气以为和。"(《老子》第42章)在这里,老子指出,道生万物,万物相和,说明了包括社会运转在内的万事万物生而为一,和谐相处。在处理人与社会关系问题上,老子主张天道自然,人道无为。"道常无为而无不为。"(《老子》第37章)道永远是顺其自然的,即无为,而宇宙中却没有什么东西不是由道所为而成,即"道法自然"。在这里,老子要求在社会生活方面要遵循天道自然的法则,顺其自然,使社会和谐发展。为此,老子勾画了一幅"甘其食,美其服,安其居,乐其俗。邻国相望,鸡犬之声相闻,民至老死,不相往来"(《老子》第80章)的"小国寡民"的社会图景。在这种社会里,人们和谐相处,其乐融融。老子设计的这种理想社会只是基于对当时春秋时期社会混乱的不满而虚构出来的桃花源式的"乌托邦",但这却构成了以后中国文化和社会思想中追求理想社会的原始模型。在这种社会里,人人平等,和睦相处,共同生活,和谐共存。

第四章
科学发展观指导下构建社会主义和谐社会

庄子把老子的这种和谐思想发挥到极致:"若然者,乘云气,骑日月,而游乎四海之外,死生无变于己,而况利害之端乎?"(《庄子·齐物论》)物我交融,天人合一,当然死生、利害均无所惧。庄子妻死鼓盆而歌,庆祝人死回归自然,实现与真正生命秩序的同一。庄子认为,人顺应自然,泯灭于无就是人生最佳状态,故此才能对现世人生持如此超然、如此出世的态度。

3. 儒家和道家理想的和谐社会

儒家主张人性善,因此要求通过道德修养来调整人与人之间的关系,使社会成为和谐的理想社会。孔子说:"为仁由己,其由人乎?"做到道德上的完善完全靠自己,哪里能靠别人呢?如果人人都能加强自身的道德修养,并且身体力行,那么社会就是一个和谐的社会。在儒家的《礼记·礼运》中为我们描绘了一幅"大同"社会的蓝图:这个社会是一个"天下为公"的社会,有着和谐人际关系的社会,和平宁静的社会,夜不闭户的社会等等。这大概也就是孔子向往的"天下有道"的社会,孟子追求的"行仁政"的社会。而道家则认为,人有其自然本性,这种自然本性来源于"道"。"道"的本性是"自然无为",因此人也应发挥其"自然无为"的本性。老子说:"故圣人云:我无为,而民自化;我好静,而民自正;我无事,而民自富;我无欲,而民自朴。"(《老子》第57章)能效法"道"的圣人是懂得"自然无为"的意义,据此以实践之,就可以建立人与人之间和谐的社会。这个社会是顺应自然的社会,无矛盾、无争夺的社会,和平宁静的社会,自满自足的社会。这是道家崇尚的无为、自然的和谐社会。

(二) 和谐社会思想常见于空想社会主义代表人物的思想

空想社会主义是社会主义思想发展过程中的初级形态。空想社会主义者在批判资本主义社会和设想未来新社会的过程中，对建设"和谐社会"有过启迪性的阐释。虽然他们未能找到实现这样的美好理想社会的现实道路，但他们的有关论述却始终闪烁着理想的光芒，并为以后的科学社会主义经典作家所吸收、继承、创新和发展。

1. 傅立叶的和谐社会思想

傅立叶对资本主义社会的虚伪性和欺骗性进行了猛烈的批判和抨击。他说："文明制度的机构在一切方面都只是一种巧妙地掠夺穷人而发财致富的艺术。"[①] 根据自己的体验和研究，傅立叶指出："文明制度乃命运的对立面，是颠倒世界，是社会地狱。"[②] 因此傅立叶主张制立一种实行公有的"和谐制度"，认为在这一制度下劳动非但不使人痛苦，反而使人身心健康。

傅立叶预言，在和谐制度下，由于劳动成了人的第一需要，人的劳动积极性空前提高，社会生产迅速发展，这使得沙漠变成良田，运河纵横大地，人们的生活也从根本上得到了改观。和谐制度是傅立叶心目中的理想社会制度，"法郎吉"是和谐社会的基层组织，许多"法郎吉"构成和谐制度的总和。他所设想的"和谐社会"以消灭城乡对立、工农差别为目标，把和谐社会的基本单位——"法郎吉"设计得惟妙惟肖。在"法朗吉"内，大家的收入和地位不一定平等，实行按劳分配。每个"法郎吉"占地一平方法里，固定人数

---

① 《傅立叶选集》第3卷，商务印书馆1979年版，第114页。
② 《傅立叶选集》第2卷，商务印书馆1979年版，第103页。

第四章
科学发展观指导下构建社会主义和谐社会

为1620人。这些"法郎吉"成员居住在叫做"法郎斯特尔"的大厦里,这种大厦功能齐全,设备完善,除了供他们居住外,还有厨房、餐厅、工厂、学校、旅社、交际厅、教堂、交易所、评判会、歌剧团、秩序望楼、自鸣钟、电报局和信鸽等都将被安置在大厦里。大厦里的每栋房屋内部建有长廊街,每栋房屋中间设有柱廊,工人、农民们可以通过用细沙铺着的地下走道,从"法郎斯特尔"大厦到达田间种植或去工厂做工,完备的"法郎吉"内,在距农活不太远的地点,还建有农民自己的夏季别墅。"法郎吉"的资金通过入股形式筹集,它以农业生产为主,工业生产居第二位,商业全部由政府控制,商业活动只限在"法郎吉"之间进行,不允许任何个人单独地为私利从事商业。"法郎吉"成员按情欲和对某种活动的兴趣而自由结合成"谢利叶"小组,各"谢利叶"按照家务劳动、农业劳动、工业劳动、商业劳动和教育劳动等方面分类,经常展开竞争和竞赛,充分发挥情欲引力作用进行管理。在"法郎吉"内参加劳动不再是谋生的手段,而非强制性的快乐体验。"法郎吉"每个成员按其资本、劳动、才能进行分配,劳动占六分之三、资本占六分之二,才能占六分之一。傅立叶所设计的法郎吉是取消私人经营而保留私有制的集体合作组织。他指出未来的"和谐社会"是建立在大生产和科学艺术充分发展的基础之上的,工农业、教育、科学、艺术等劳动充分协作,且只有实现大规模生产和高度发展的科学艺术与协作结构的完善统一,才能促进生产的发展。傅立叶所描述的是没有阶级压迫、没有国家、没有军队、没有法律、没有战争的和谐社会。他认为合理的与和谐的秩序是自然界与人类同样存在的先定的基本结构,他的和谐社会代表着必然会到来的人类发展阶段。

2. 圣西门的和谐社会思想

圣西门、傅立叶深受牛顿的影响，他们崇尚万有引力的和谐。圣西门经过多年苦心孤诣的设想，设计出一个以"实业制度"为标志的和谐的理想社会制度。这种新社会制度的宗旨就是"人民的幸福是社会组织的独一无二的目的"①。实业制度的基本原则：第一，"应该坚持实行'一切人都要劳动'"；第二，"必须坚持有计划地组织整个社会生产"；第三，"必须坚持尽可能完全平等"；第四，"必须坚持一切人都应得到最大限度的自由"。② 圣西门把自己的任务规定为建立一种能够准确预知人类未来的原理，这样人类就可以根据宇宙法则的已知程序，有把握地计划自己的共同未来。

3. 欧文的和谐社会思想

欧文是英国的空想社会主义者，著有《新道德世界书》。欧文极力倡导和谐的共产主义"劳动公社"。公社是欧文理想社会的基层单位，生产资料公有制是公社的基础。他力主建立公社，以消除失业。他不但对"劳动公社"有详细的理论论证，而且还曾于1824年亲自带领5个儿子和一些门徒，离开英国，到美国花了18.4万美元在印第安纳州购买了3万英亩土地进行改革计划试验，在那里建立"新和谐"共产主义实验区。当欧文的共产主义"劳动公社"试验失败后，他又回到英国的汉普郡继续试验，虽然又失败了，但是，欧文为建立一种和谐社会组织的实践仍然具有开创性的历史意义。恩格斯评价说："欧文不仅宣传了'坚决的共产

---

① 《圣西门选集》上卷，商务印书馆1979年版，第276页。
② 山东大学等编：《空想社会主义学说史》，浙江人民出版社1981年版，第179—184页。

第四章
科学发展观指导下构建社会主义和谐社会

主义',而且在五年之中(三十年代末和四十年代初)还在汉普郡的协和移民区实行了共产主义,那里的共产主义在坚决性方面可说是无与伦比的了。"① 然而,共产主义不是单靠"坚决性"就能实现的,"只有采用同生产力的现在这个发展阶段相适应的新的生产方式,新的生产力本身才能保存和往前发展"②。欧文认为,为了建立新的和谐社会,新社会的人应该得到全面发展,所有的人生下来都要受到良好的教育,使他们逐步发展成为德、智、体方面最完善的人。欧文认为在新的社会中,在符合人的本性的生活条件下,人将恢复自己的完美性,他的使命是"着手把地球变成永远充满着和平和幸福的人间天堂"③。

(三) 和谐社会思想依托于马克思恩格斯的和谐社会思想

如果全面追溯历史、审视现在、展望未来,我们会对马克思恩格斯的和谐社会思想是指导我们构建社会主义和谐社会的理论基础有一个清晰的认识。马克思恩格斯虽然没有确提出和集中阐释过"社会主义和谐社会"这一概念,但这决不能说明他们对和谐社会的忽略和不重视。相反的,他们的一些关于和谐社会的论述和真知灼见,至今仍然闪烁着耀人的理论光辉,是不可多得的社会理论财富,并在现实中仍具有宝贵的借鉴和指导作用。

"和谐"是马克思主义理论与实践的基础,是人类生命存在的基本条件,又是人类与生俱来的普遍要求。马克思恩格斯所向往的和谐是指这样一种境界,即它不是社会生活中矛盾的寂灭,而是矛盾

---

① 《马克思恩格斯全集》第 20 卷,人民出版社 1971 年版,第 290 页。
② 《马克思恩格斯全集》第 20 卷,人民出版社 1971 年版,第 291 页。
③ 《欧文选集》,第 2 卷,商务印书馆 1981 年版,第 23 页。

在人类可以进行自觉调节,并能促进自然的进化与人类自身的发展的达成的协调与稳定的境界,这是一种积极的、动态的和谐。为了探讨和谐社会,马克思恩格斯探讨了人与自然的和谐和人与人社会关系的和谐问题。

1. 人与自然的和谐

马克思恩格斯认为人与自然的和谐是以人对客观世界的积极改造所达到的物我统一与心物和谐的境界,是人类立足的依据并表征人自身发展的水平。在人与自然的关系上,他们认为人是受动性与主动性的统一,呼唤着主体的进取精神。他们强调人的主体选择的必要性和可能性,认为人的自由是行动的自由,和谐则是通过对世界的积极改造所达到的物我统一与心物交融的境界。关于人与自然的和谐,过去人们似乎有一种错觉,以为马克思像他在《资本论》中所做的那样,研究重点在于人与人的社会关系。其实不然。马克思恩格斯对人与自然的关系的关注程度完全不亚于他们对人际关系的关注。

马克思非常重视人与自然的和谐,认为自然界也是人的生活和人的活动的一部分,人在肉体上也必须依靠它们的物质产品才能生活。这里,马克思肯定了人与自然在人的生命活动的基础上的统一与和谐。马克思说:"在实践上,人的普遍性正表现在把整个自然界——首先作为人的直接的生活资料,其次作为人的生命活动的材料、对象和工具——变成人的无机的身体。自然界,就它本身不是人的身体而言,是人的无机的身体。人靠自然界生活。这就是说,自然界是人为了不致死亡而必须与之不断交往的、人的身体。所谓人的肉体生活和精神生活同自然界相联系,也就等于说自然界同自

第四章
科学发展观指导下构建社会主义和谐社会

身相联系,因为人是自然界的一部分。"① 马克思在这里所说的和谐是指人与世界的统一也是一种积极的和谐。在马克思所设想的人、物统一中,人是主动的、积极的一方。一方面,人需要依靠自然界才能维持其生命的存在,另一方面,人又处处将自己与自然界相区别,将自然界作为自己思维的对象和改造的对象。马克思的这一思想还在下面这段话里作了更进一步的展开,他说:"人直接地是自然存在物。人作为自然存在物,而且作为有生命的自然存在物,一方面具有自然力、生命力,是能动的自然存在物;这些力量作为天赋和才能、作为欲望存在于人身上;另一方面,人作为自然的、肉体的、感性的、对象性的存在物,和动植物一样,是受动的、受制约的和受限制的存在物,也就是说,他的欲望的对象是作为不依赖于他的对象而存在于他之外的;但这些对象是他的需要的对象;是表现和确证他的本质力量所不可缺少的、重要的对象。说人是肉体的、有自然力的、有生命的、现实的、感性的、对象性的存在物,这就等于说,人有现实的、感性的对象作为自己的本质即自己的生命表现的对象;或者说,人只有凭借现实的、感性的对象才能表现自己的生命。"② 马克思所说的人是一种有生命的自然存在物包含这样两层意思,即一方面人是自然界的一部分,是自然进化的产物,他的身体器官、存在于他身上的自然力、生命力和生命过程,都属于物质自然界,受自然规律的支配;另一方面,人自觉地与自然相对立,将人之外的自然看作是他的存在和活动不可缺少的对象。在人与自然的这种既对立又统一的矛盾运动中,对自然的积极的改造,使自

---

① 《马克思恩格斯全集》第42卷,人民出版社1979年版,第95页。
② 《马克思恩格斯全集》第42卷,人民出版社1979年版,第167页。

然更适宜于人的生存，成了两个对立侧面沟通的重要环节，人与自然将在人的实践活动中，在更高的层次上实现新的统一与和谐。

恩格斯也非常重视人与自然的和谐问题。恩格斯曾明确指出，人类必须摆正自身在自然界所处的位置，正确认识和掌握自然规律，以调节好人与自然的关系。特别是在《德意志意识形态》、《反杜林论》和《自然辩证法》等著作中，恩格斯对这个问题进行了比较系统的论述。伴随着人类物质生产活动的不断发展，人与自然界的关系也在不断改变，趋向统一。恩格斯指出："如果懂得在工业中向来就有那个很著名的'人和自然的统一'，而且这种统一在每一个时代都随着工业或慢或快的发展而不断改变，就像人与自然的'斗争'促进其生产力在相应基础上的发展一样，那么上述问题也就自行消失了。"[①] 可见，人与自然关系的历史发展，是人类脱离动物界逐步完善的一个重要标志。恩格斯反复强调人与自然的不可分割性，指出"人本身是自然界的产物，是在自己所处的环境中并且和这个环境一起发展起来的"[②]。这就说明，人们保护自然环境，就是保护人类自己的家园。因此，人在发展生产满足自身需要的同时，必须注意保持生态平衡，自觉地与自然界和谐相处，保持人与自然的和谐关系。

2. 人与人社会关系的和谐

人际关系和谐是个人获得全面发展其才能的手段。社会要成为人的自由发展的载体，期盼着建立起一种用爱心交换爱心、用信任交换信任的人际关系，实现社会和谐。

---

① 《马克思恩格斯文集》第1卷，人民出版社2009年版，第529页。
② 《马克思恩格斯文集》第9卷，人民出版社2009年版，第38—39页。

第四章
科学发展观指导下构建社会主义和谐社会

在人与人的社会关系和谐问题上,马克思恩格斯重点研究了消除生产关系中的对立因素,实现经济平等与政治自由等内容,并阐述了社会和谐问题。他们认为,生产不可能由单个人孤立地进行,在生产中,人们要"发生一定的社会关系和政治关系"。马恩给人与人的社会关系所下的定义是"许多个人的合作"或者说"一定的共同活动的方式"。他们认为,生产方式是人际关系的核心,并在最大程度上反映出人的生活方式的整体水平。马克思主义认为,生产活动是人的生命活动的主体,是历史创造的前提。因此,马克思说:"人们在生产中不仅仅同自然界发生关系。他们如果不以一定的方式结合起来共同活动和互相交换其活动,便不能进行生产。为了进行生产,人们便发生一定的联系和关系;只有在这些社会联系和社会关系的范围内,才会有他们对自然界的关系,才会有生产。"① 在确证生产关系是人的社会关系主体的基础上,马克思恩格斯关于人的社会和谐的思考,也便始终抓住这一关键。马克思恩格斯认为,社会关系本身的含义就是"许多个人的合作",这种合作是在什么条件下、用什么方式和为了什么目的进行,是决定合作是否和谐的依据。马克思认为私有制是造成生产关系对立性质的根源所在,私有制造成了劳动者同劳动对象,劳动者同劳动产品的两重分离,劳动的对象的丧失。总之,在私有制条件下,工人的劳动只会产生一个跟劳动者格格不入的、站在劳动之外的人同这个劳动的关系,即生产出资本家同这个劳动关系。如果说对立是私有制社会人际关系的普遍特征的话,那么,到了资本主义社会,这种对立便达到了空前激烈的程度,如马克思恩格斯所说:"整个社会日益分裂为两大敌对的阵

---

① 《马克思恩格斯全集》第 6 卷,人民出版社 1961 年版,第 486 页。

营,分裂为两大相互直接对立的阶级:资产阶级和无产阶级。"① 资产阶级与无产阶级在生产过程中尽管也要合作,但这种合作不是奠基在平等和利益一致基础上的,是存在着严重对立的合作。因此,马克思恩格斯始终把扬弃私有制作为实现真正的和谐的前提。马克思指出:"共产主义是私有财产即人的自我异化的积极的扬弃,因而是通过人并且为了人而对人的本质的真正占有;因此,它是人向自身、向社会的(即人的)人的复归,这种复归是完全的、自觉的而且保存了以往发展的全部财富的。这种共产主义,作为完成了的自然主义,等于人道主义,而作为完成了的人道主义,等于自然主义,它是人和自然界之间、人和人之间的矛盾的真正解决,是存在和本质、对象化和自我确证、自由和必然、个体和类之间的斗争的真正解决。"② 他们认为,只有在消除阶级对立的社会集体中,"只有在集体中,个人才能获得全面发展其才能的手段,也就是说,只有在集体中才能有个人自由"③。马克思恩格斯对人际和谐所进行的长期思考,其要旨和终极追求,就是要建立起"自由人联合体"。在这个联合体中,"每个人的自由发展是一切人的自由发展的条件",人际和谐于此达到了相当高的程度。

总之,从以上的简要分析中不难看出,在马克思恩格斯的理论词汇中,"和谐社会"不过是共产主义一词的另一种表述而已,他们揭示的未来社会的本质是人的自由而全面发展以及人与自然的和谐共进,这是人类社会的理想目标,而且历史发展的大趋势是创造出每个人的自由全面发展同时也是其他一切人自由全面发展的条件的

---

① 《马克思恩格斯文集》第2卷,人民出版社2009年版,第32页。
② 《马克思恩格斯全集》第42卷,人民出版社1979年版,第120页。
③ 《马克思恩格斯全集》第3卷,人民出版社1960年版,第84页。

第四章
科学发展观指导下构建社会主义和谐社会

和谐社会。所以,虽然马克思恩格斯没有明确提出和谐社会的概念,但他们的思想和论述中已经蕴涵了和谐社会的内涵,可以视作是社会主义和谐社会理论的思想来源和理论基础。

三、构建和谐社会是中国特色社会主义的本质要求

"什么是社会主义,如何建设社会主义"是贯穿中国特色社会主义建设始终的一个带有根本性的问题。社会主义本质理论是这个问题的核心和关键。正确认识社会主义本质理论,有助于我们搞好中国特色社会主义建设。对于社会主义本质理论,马克思恩格斯进行了明确的论述。中国共产党从成立之日起就开始了对社会主义本质理论的探索。党对社会主义本质理论的认识,是一个不断丰富和深化的过程。党提出和谐社会理念从人的发展、社会的和谐、人与自然友好等角度全面丰富和发展了社会主义本质理论,把社会主义本质理论提升到新的更高的水平。

构建社会主义和谐社会,是建设中国特色社会主义的基本要求。在构建社会主义和谐社会已经成为中国特色社会主义理论和实践中的一个重大前沿问题的情况下,怎样构建社会主义和谐社会,或者说按照马克思恩格斯关于社会主义本质规定怎样构建和谐社会,是需要进一步论证清楚的问题。从马克思恩格斯对社会主义本质规定出发,提出构建和谐社会是社会主义本质要求,将在理论上有助于拓展和深化对社会主义本质以及社会主义和谐社会建设的研究,在实践上有助于廓清人们对按照马克思恩格斯社会主义本质要求构建和谐社会基本思路的认识。

马克思恩格斯创立的科学社会主义认为,未来社会主义社会的

本质规定，从根本上说就是人自由全面发展和社会和谐发展。马克思恩格斯关于社会主义的本质规定，是我们构建社会主义和谐社会的科学依据和理论基础。目前，我国处于社会主义初级阶段，但是我国已经建立了社会主义制度，已经是社会主义社会。建设社会主义和谐社会，是由马克思恩格斯关于社会主义的本质规定和我国的国家性质所决定的，是中国特色社会主义的重要价值目标。根据马克思恩格斯关于社会主义的本质规定，我们可以确定社会主义和谐社会的含义和主要特征以及构建社会主义和谐社会的基本思路。

（一）社会主义的本质要求

事物的本质是相对于现象而言的，它所表示的是事物的根本性质和内部联系。按照辩证唯物主义认识论的这一基本原理推论，所谓社会主义本质就是社会主义的根本性质和内在联系，它是使社会主义自身能够同资本主义、封建主义等各种不同的社会形态相区别的内在根据和存在特质。社会主义本质是关于"什么是社会主义"的最深层理论问题。正确理解社会主义本质这一概念，关键要注意两点：一是不能把社会主义的外在特征和具体现象当成社会主义本质自身，防止将其概念的外延随意扩大或者缩小；二是不能混淆社会主义同其他社会形态的原则性区别，以保证使社会主义本质的内涵能够客观、确切地反映社会主义的特殊矛盾和各种具体质的规定性。马克思恩格斯科学地揭示了社会主义本质。中国共产党人在探索"什么是社会主义、如何建设社会主义"这个基本问题的过程中，逐步形成了对社会主义本质的科学认识。

1. 马克思恩格斯关于社会主义的本质规定

马克思恩格斯认为，人类社会不仅是一个由低级阶段向高级阶

第四章
科学发展观指导下构建社会主义和谐社会

段发展的历史进程,也是一个从片面发展向全面发展、从不和谐状态向和谐状态逐步推进的过程。他们关于社会主义的本质规定,从根本上讲就是人自由全面发展与社会和谐发展。社会和谐与人的自由而全面发展是未来社会主义社会区别于其他一切社会的显著特征和根本标志,是社会文明进步的尺度,是人类发展的最高目标。

(1) 人自由全面发展。马克思恩格斯认为,资本主义必然灭亡,社会主义必然胜利,这是历史唯物主义论证了的人类社会发展的一般规律。资本主义文明超过了以往一切社会,但是,资本主义文明是在种种不和谐的矛盾中产生和运行的,资本主义社会仍然是个片面的畸形发展的社会。资本主义发展所造成的社会不平等和两极分化、人的畸形发展和异化等弊端,都是资本主义生产方式造成的。只有铲除这种生产方式以及与之相适应的整个资本主义制度,用共产主义代替资本主义,才能从根本上消除这些不和谐现象。这是人类历史发展的客观趋势。所以,资本主义必然灭亡。资产阶级对无产阶级的压迫和剥削必然引起无产阶级的反抗。无产阶级反对资产阶级的斗争,最终会推动资本主义灭亡,带来社会主义的胜利。"资产阶级的灭亡和无产阶级的胜利是同样不可避免的。"[①] 胜利的无产阶级针对资本主义的弊端,必然要把不平等、不和谐、畸形异化的资本主义旧社会建设为平等民主、稳定有序、融洽和谐的新社会。所以,未来和谐社会就成了人类历史发展的必然趋势。

马克思恩格斯预示了未来社会的发展前景。马克思恩格斯指出:"代替那存在着阶级和阶级对立的资产阶级旧社会的,将是这样一个

---

① 《马克思恩格斯选集》第1卷,人民出版社1995年版,第284页。

联合体,在那里,每个人的自由发展是一切人的自由发展的条件。"①也就是说,未来共产主义社会本质上是个"自由人联合体",是"一个更高级的、以每个人的全面而自由的发展为基本原则的社会形式"②。这种自由人的联合体,归根结底是为了实现人的自由全面发展。

马克思恩格斯认为,未来社会的本质最根本的就在于人自由全面发展,人自由全面发展是未来社会即自由人联合体的终极追求。而自由人联合体是保障人自由全面发展的社会形态。不仅共产主义高级阶段是自由人联合体,而且共产主义第一阶段也是自由人联合体。

关于共产主义者的目的是什么?人如何自由全面发展?恩格斯作过明确的阐述和概括。恩格斯指出:"使社会的每一个成员都能完全自由地发展和发挥他的全部才能和力量,并且不会因此而危及这个社会的基本条件。"③只是从这时起,"人在一定意义上才最终地脱离了动物界,从动物的生存条件进入真正人的生存条件。"他们的体力和智力获得充分的自由的发展和运用。最终,"人终于成为自己的社会结合的主人,从而也就成为自然界的主人,成为自身的主人——自由的人"。"人们才完全自觉地自己创造自己的历史。"④ 未来社会可以真正实现人与自然,人与社会,人与人之间的和谐共生,人将成为自然的主人,社会的主人和自身的主人。

---

① 《马克思恩格斯文集》第 2 卷,人民出版社 2009 年版,第 53 页。
② 《马克思恩格斯全集》第 23 卷,人民出版社 1972 年版,第 649 页。
③ 《马克思恩格斯全集》第 42 卷,人民出版社 1979 年版,第 373 页。
④ 《马克思恩格斯选集》第 3 卷,人民出版社 1995 年版,第 633、757、760、758 页。

第四章
科学发展观指导下构建社会主义和谐社会

（2）社会和谐发展。马克思恩格斯指出，人自由全面发展之所以只有到未来社会才能逐步实现，是因为未来社会能够为人的发展提供一系列经济社会条件。人自由全面发展是社会物质和精神等多方面条件协调发展的结果。

首先，社会生产力的充分发展是实现人自由全面发展的根本条件。只有生产力的充分发展、物质财富的源泉充分涌流，才能为人自由全面发展提供足够的物质财富，保证社会一切成员有充裕的物质生活。马克思说："当人们还不能使自己的吃喝住穿在质和量方面得到充分供应的时候，人们就根本不能获得解放。"[1] 未来社会主义社会必须建立在社会生产力的巨大增长和高度发展的基础上。生产力的发展水平为人能发展到什么程度、能够在多大程度上取得自由，划定了一个或大或小的范围。马克思恩格斯说："人们每次都不是在他们关于人的理想所决定和所容许的范围之内，而是在现有的生产力所决定和所容许的范围之内取得自由的。"[2] 可见，社会生产力的高度发展是人获得自由全面发展的前提和基础。社会生产力的高度发展和巨大增长，才能带来社会物质财富的极大丰富，从而为社会和谐提供充足的物质条件。

其次，社会各方面的协调发展是实现人自由全面发展的充分必要条件。马克思恩格斯强调，未来社会最主要的表现就是社会各方面的全面协调发展。未来和谐社会的协调发展，具体表现为生产力高度发展，生产资料全社会占有，有计划地组织社会化生产，阶级对立和阶级本身消灭，社会关系和谐，城乡之间、脑力劳动和体力

---

[1]《马克思恩格斯全集》第42卷，人民出版社1979年版，第368页。
[2]《马克思恩格斯全集》第3卷，人民出版社1972年版，第507页。

劳动之间的对立和差别消失,人、自然、社会之间的矛盾真正解决,人们的精神境界极大提高,等等。简而言之,是生产力与生产关系、经济基础与上层建筑之间相适应,其矛盾通过自身的调整来解决。通过协调发展,未来社会才能更好地保证人的自由全面发展。

总之,马克思恩格斯认为,未来和谐社会是在保证社会生产力极高度发展,全社会充分协调与和谐的同时,又保证人类最自由全面发展的一种社会形态。发展社会生产力,形成自由人联合体,达到未来社会和谐,最终实现人自由全面发展,是马克思恩格斯对未来社会主义社会的本质规定。人与社会的发展状态是马克思恩格斯预示未来社会主义社会的着眼点和着力点。二者之间相辅相成,相互作用,相互促进。社会和谐有助于实现人自由全面发展,人自由全面发展能够推动社会进一步走向和谐。因此,在社会主义社会,社会和谐与人自由全面发展相辅相成。

2. 中国共产党人对社会主义本质的认识

中国共产党是马克思主义指导下的中国工人阶级的政党,党的最终目标是要领导中国人民实现共产主义。党的性质和目标决定了党领导中国新民主主义革命成功后就建立起社会主义社会。党对"什么是社会主义,如何建设社会主义"的探索和实践,从建党到建国,一直到现在,从未停止过。按照马克思恩格斯对社会主义的本质规定,中国共产党人对社会主义本质的理解和认识,从毛泽东的全面认识"十大关系"和正确处理人民内部矛盾到邓小平的社会主义本质论,从江泽民的人的全面发展到胡锦涛的构建社会主义和谐社会,经历了一个逐步发展和不断深化的过程。

(1)毛泽东的最初探索。毛泽东首先提出了要正确认识我国社会主义建设中的一些重大关系,即"十大关系"。1956年4月毛泽

第四章
科学发展观指导下构建社会主义和谐社会

东在中央政治局扩大会议上发表了《论十大关系》的讲话，提出要正确处理重工业、轻工业和农业的关系，强调国家工业化要以发展重工业为重点，同时适当地发展轻工业和农业；要正确处理沿海工业和内地工业的关系，强调发展内地工业；要正确处理经济建设和国防建设的关系，强调用加快发展经济的办法实现国防现代化；要正确处理国家、生产单位和劳动者个人的关系，强调要统筹安排全国各阶层，兼顾国家、集体、个人三者利益；要正确处理中央和地方的关系，强调扩大地方的权力，更好地调动地方的积极性。毛泽东所强调和突出的这十大关系，是在建设社会主义过程中对"什么是社会主义"的新的思考和探索。其探索的最初动机就是要使整个社会主义建设全面起来，和谐起来。其探索的主要目的就是要调动党内党外、国内国外的一切积极因素，把我国建设成为一个强大的和谐的社会主义国家。

毛泽东在分析"十大关系"的基础上，还创立了社会主义社会的矛盾学说。在《关于正确处理人民内部矛盾问题》这部著作中，他提出了关于社会主义社会基本矛盾、两类矛盾的理论，为社会主义社会的改革和建设提供了理论根据。毛泽东指出，矛盾是普遍存在的，社会主义和共产主义社会与其他任何社会一样存在着矛盾，只是矛盾性质和解决矛盾的方式与阶级社会不同；矛盾是推动社会前进的动力，社会主义社会的发展也是在生产力与生产关系的矛盾中进行着的；社会主义社会的基本矛盾仍然是生产力与生产关系、经济基础与上层建筑之间的矛盾，基本矛盾可以通过社会主义自身制度的完善来加以解决；我国存在着敌我矛盾和人民内部矛盾两类不同性质的矛盾，要正确处理人民内部矛盾，团结全国各族人民把我国建成各方面富有朝气和活力的社会主义强国。这些观点是社会主义理论上的一大创见,具有重大的理论和实践意义。毛泽东对社会主义社会"十大关系"的分析和社会主义存在矛盾的论断,指明了中国社会主义建设的方向和方法,成为我国建设社会主义和谐社会的先声。

(2)邓小平的社会主义本质论。党的十一届三中全会以后,以邓小平为代表的第二代中央领导集体将主要精力转向对社会主义现代化建设这个新问题的思考、研究和探索。这段时期,党中央抛弃了从概念出发的思维模式,开始根据实践经验来探索"什么是社会主义"的问题。在总结和接受第一代中央领导集体探索社会主义成功经验的基础上,注意从党所犯的错误中吸取经验教训,因而在对"什么是社会主义"的再认识过程中,对传统社会主义观念有了许多重大的突破和发展。

邓小平对"什么是社会主义,如何建设社会主义"这个基本问题的探索,主要体现在其社会主义本质论上。十一届三中全会以后,在认识"什么是社会主义"的问题上,邓小平强调两个原则:一是发展社会生产力,二是全体人民共同富裕。他始终把发展生产力放在首位,这是实现共同富裕的物质前提。他认为,贫穷不是社会主义,社会主义就是要消灭贫穷。怎样消灭贫穷?不能运用阶级斗争的老办法,而必须发展生产力。他指出:"社会主义的本质,是解放生产力,发展生产力,消灭剥削,消除两极分化,最终达到共同富裕。"① 这个观点是对传统的社会主义旧观念的最重要突破,也是对马克思恩格斯关于社会主义本质规定的继承和发展。

对邓小平的社会主义本质论,要全面理解。邓小平的社会主义

---

① 《邓小平文选》第3卷,人民出版社1993年版,第373页。

第四章
科学发展观指导下构建社会主义和谐社会

本质论主要包括三点:一是解放生产力,发展生产力,这是实现社会主义本质的基础。二是消灭剥削,消除两极分化,这是实现社会主义本质的必经途径,这点把社会主义社会同资本主义社会和其他剥削制度社会区别开来。三是最终达到共同富裕,这是实现社会主义本质的目的。这三点互相联系,不可分割。邓小平的社会主义本质论,主要关注点在人,主要目的是为了人,也就是使人与人,人与社会关系和谐,人与人之间不存在剥削和压迫,使每个人成为"自身的主人"。这与马克思恩格斯强调的社会主义本质是一脉相承的。相对于马克思恩格斯对社会主义本质的论述,邓小平社会主义本质论更为具体,更为明确。它与我国国情和实际状况相结合,指明了实现未来理想社会形态的正确途径,因而更符合我国实际,也更具有时代性。邓小平的社会主义本质论,对社会主义制度的根本属性做了经典概括,既继承了马克思恩格斯对社会主义本质的观点,又立足于中国特色社会主义实际,丰富和发展了马克思主义,是对科学社会主义理论的重大贡献,开拓了马克思主义理论发展的新境界。

(3)江泽民的人的全面发展思想。江泽民同志继往开来,与时俱进,在邓小平社会主义本质论的基础上,提出了社会主义社会就是要实现人的全面发展的思想。这一思想是对马克思恩格斯对社会主义本质规定的重要继承和现实发展。

以江泽民同志为核心的第三代中央领导集体在2001年"七一"讲话中,根据科学社会主义基本原理,从人类历史发展进程和建设社会主义新社会本质要求的高度,明确把人的全面发展提到社会主义本质的高度来认识,把努力促进人的全面发展作为党的历史任务,从而把我们对社会主义本质的认识提高到新的水平。江泽民同志指出：共产主义社会的本质是实现人的自由全面发展，社会主义社会要努力促进人的全面发展。我们既要树立共产主义远大理想，更要脚踏实地地为实现党在现阶段的基本纲领而不懈努力，在中国特色社会主义实践的每一项工作中，都要努力促进人的全面发展。人的发展与社会发展都是逐步提高、永无止境的历史过程。这两个过程相互结合、相互促进地向前发展。为了促进人的全面发展，社会要全面发展，全面进步。江泽民同志指出，我们进行的社会主义现代化的各项事业，是相互协调和全面发展的事业。既促进经济的发展又促进社会的全面进步，这是社会主义的本质要求。社会主义社会是全面发展、全面进步的社会。社会主义现代化事业是物质文明和精神文明协调发展、相辅相成的事业。缺少任何一个方面都不成其为有中国特色的社会主义。江泽民强调社会主义社会是全面发展，全面进步的社会的最终目的，还是要促进人的全面发展，为人的全面发展奠定基础。

特别是在党的十六大上，江泽民同志提出："我们要在本世纪头二十年，集中力量，全面建设惠及十几亿人口的更高水平的小康社会，使经济更加发展、民主更加健全、科教更加进步、文化更加繁荣、社会更加和谐、人民生活更加殷实。"[①] "努力形成全体人民各尽其能、各得其所而又和谐相处的局面。"[②] 把"社会更加和谐"作为我们党奋斗的一个重要目标明确提出来，这在我们党历次代表大会的报告中还是第一次。因此，江泽民对社会主义本质问题的认识和探索，以促进人的全面发展为中心，以构建全面、协调、和谐的

---

① 《江泽民文选》第3卷，人民出版社2006年版，第543页。
② 《江泽民文选》第3卷，人民出版社2006年版，第540页。

第四章
科学发展观指导下构建社会主义和谐社会

社会为保障,充分体现了马克思恩格斯关于社会主义本质的论述和规定。

(4)胡锦涛构建社会主义和谐社会理论。胡锦涛同志坚持了我们党在长期实践中形成的社会发展理论,并且根据新世纪新阶段的战略目标提出了构建社会主义和谐社会的基本任务。

党的十六届三中全会提出了科学发展观,强调以人为本,实现经济社会全面、协调、可持续发展,促进人的全面发展。科学发展观的根本要求是实现五个"统筹",五个"统筹"的实质就是要努力实现社会各方面的和谐发展。党的十六届四中全会进一步提出了"构建社会主义和谐社会"这个新概念,强调"要适应我国社会的深刻变化,把和谐社会建设摆在重要位置"[1],要求全党不断提高构建社会主义和谐社会的能力。这是我们党执政理念的升华,也是我们党长期形成的关于社会全面、协调发展和共同进步思想的集中体现。在中共中央举办的"省部级主要领导干部提高构建社会主义和谐社会能力专题研讨班"开班式上,胡锦涛同志指出,实现社会和谐,建设美好社会,始终是人类孜孜以求的一个社会理想,也是包括中国共产党在内的马克思主义政党不懈追求的一个社会理想。要深刻认识构建社会主义和谐社会的重大意义,扎扎实实做好各项工作,大力促进社会和谐与团结。这对于推进我国社会主义和谐社会建设具有重要的指导意义。

我们党提出构建社会主义和谐社会,符合马克思主义基本原理,符合马克思主义关于社会主义社会的本质规定,是我们党对建设中

---

[1] 《中共中央关于加强党的执政能力建设的决定》,人民出版社2004年版,第24页。

国特色社会主义理论的丰富和发展,也是对马克思恩格斯关于社会主义本质规定的继承和创新。深刻认识社会主义本质要求下的和谐社会,全面把握其含义和主要特征,对于我们构建社会主义和谐社会具有很强的理论意义和现实意义。

(二)社会主义本质要求的和谐社会

和谐,就其原意而言,是配合适当和匀称的意思。若从广义的角度来说,则含有合调、匹配、等当、协调、合度、对称、秩序、规律等意思。马克思主义认为,社会是人类生活的共同体,它在本质上是生产关系的总和,是以共同的物质生产活动为基础而相互联系的人们的有机总体。和谐与社会相连,就是社会和谐,或叫和谐社会。和谐社会是人类追求的一个理想社会。所谓和谐社会就是整个社会实现人与人、人与社会、人与自然之间和谐相处,充满活力,经济发展,团结稳定。和谐社会是全面系统的和谐。具体地说,就是既要强调人与人之间的和谐,又要达到人与自然之间的和谐;既要实现社会内部各阶层、各利益团体之间的和谐,又要争取外部世界格局的和谐;既要培育微观的各个社会组织细胞的和谐,又要促进宏观的整个社会系统的和谐;既要推动经济、政治、文化等各子系统内部的和谐,又要形成各个系统之间的和谐,使之共同发展。胡锦涛同志指出:"我们所要建设的社会主义和谐社会,应该是民主法治、公平正义、诚信友爱、充满活力、安定有序、人与自然和谐相处的社会。"[①] 这是对社会主义和谐社会的高度概括。深刻理解和全面把握社会主义和谐社会的含义和主要特征,对于我们构建社会

---

① 《十六大以来重要文献选编》中,中央文献出版社2006年版,第706页。

第四章
科学发展观指导下构建社会主义和谐社会

主义和谐社会具有重大的理论意义和实践意义。

社会主义和谐社会的显著特征就是人与人、人与社会、人与自然之间诸多因素实现均衡、稳定、有序、相互依存、共同发展。社会主义和谐社会应该包括以下四个主要特征：

1. 社会公平正义

公平正义是人们普遍追求的社会理想和价值目标，是社会主义和谐社会的核心价值取向。社会主义和谐社会应该是最能体现公平正义的社会。社会主义和谐社会必然是一个充满公平和正义的社会。构建社会主义和谐社会，就是要使社会各方面的利益关系得到妥善协调，人民内部矛盾和其他社会矛盾得到正确处理，社会公平和正义得到切实维护和实现。

所谓公平，就是没有偏见。在现代的多元社会，公平是一种社会契约，也是一种行为规范。没有偏见，才能形成社会一致公认的社会契约和行为规范。机会平等是社会公平与正义的重要体现，是实现社会和谐至关重要的条件。社会主义社会理所当然要保证社会成员的基本权利，保证他们享有大致相同的基本发展机会，保证他们能够接受教育、进行劳动，能够平等地参与市场竞争、参与社会生活，能够依靠法律和制度来维护自己的合法权益，形成合理、和谐、融洽的人际关系，形成讲诚信、讲道德、讲法制、讲秩序的社会行为规范。处在一定历史阶段的社会，都有其特定的公共规则，据以规范这个社会的基本结构、分配社会的基本权利和义务。制约这些权利、义务的基本规则，就是社会正义。社会正义是社会公平的保证，没有社会正义就谈不上社会公平。失去了社会正义，必然导致社会的失衡，而失衡的社会，肯定是不稳定、不和谐的社会。从某种意义上说，任何的社会动乱都来自于社会的不公和失衡。公平和正义是社会文明和进步的重要标志,是保持社会稳定与和谐的深层次基础。

从具体内容和规则上看,我国现代意义上的公平正义主要体现在两个方面,即机会平等规则和社会调剂规则。机会平等规则。即从总体上保证每个社会成员享有大致相同的基本发展机会。确立机会平等的规则,有利于真正、充分、持续地激发社会活力。在参与财富、权利等社会资源分配之前,机会平等的规则要求摒弃先赋性的特权、身份地位等不公正因素的影响,保证每一位社会成员能够有一个平等竞争的条件,能够得到公正的对待,从而拓展自由创造的空间,最大限度地发挥自己的能力。一个社会只有做到机会平等,才能极大地调动社会成员的积极性、主动性和创造性,极大地开发社会成员各方面的潜能,最大限度地利用社会上的各种人力资源,避免人才的浪费,从而激发整个社会的活力;同时,由于在平等的机会和平等的规则下竞争,社会成员也比较容易接受具有差异性的竞争结果,能极大地减少由于结果的差异而导致的心理上的失衡,避免因此产生的对社会的不满与怨恨,减少社会矛盾与冲突,化解社会危机,保持社会和谐稳定。因此,只有一个公平正义的社会,才是一个稳定的社会,才能成为一个和谐的社会。

社会调剂规则。即立足于社会的整体利益,对一次分配后的利益格局进行必要的调整,使社会成员不断得到由发展所带来的利益,进而使社会生活的质量不断有所提高。确立社会调剂的规则,有利于实现社会的安全运行。我国正处于一个机遇与风险并存的关键时期。为避免社会风险,有效地应对社会问题,实现社会的安全运行,必须做好三个方面的事情:一是必须建立一个合理、公正的社会分配结构,即以中等收入人群为主的两头小、中间大的橄榄型社会分

第四章
科学发展观指导下构建社会主义和谐社会

配结构。因为中等收入人群的成员比较重视现有稳定的生活，而且其行为方式比较理性，其心理倾向相对来说也比较稳定。另外，中等收入人群是介于富裕群体和贫困群体之间的一种十分有效的缓冲力量，它有助于缓解各种可能出现的社会紧张和冲突。二是必须建立起完善、有效的以税收调节和生活保障制度为主的生活转移支付体系，使富裕群体的发展和困难群体的生活同步改善，以消除或缓解社会各个阶层、各个群体之间的不满和抵触，避免相互之间的恶性互动。三是为实现一种井然有序、和谐稳定的生活状态，必须建立社会利益协调机制、健全各种畅通的民意表达机制并使之制度化、经常化，及时地实现政府职能的定位由经济型向公共服务型的转换。只有这样，社会主义公平正义才能得到体现，社会才能逐渐趋向于和谐状态。

2. 社会充满创造活力

活力实际上是指发展和创造。和谐社会不是平平静静，和谐社会是充满活力的社会，是能够不断促进发展和激发创造的社会。胡锦涛同志指出："充满活力，就是能够使一切有利于社会进步的创造愿望得到尊重，创造活动得到支持，创造才能得到发挥，创造成果得到肯定。"[①]

发展生产力是激发社会创造活力的基础。邓小平提出，发展才是硬道理。社会主义的本质是解放和发展生产力，消灭剥削，消除两极分化，最终实现共同富裕。我们的社会主义是从半殖民地半封建社会发展来的，没有经过资本主义条件下生产力的高度发展，因而，我国现在处于并将长期处于社会主义初级阶段，生产力发展水

---

① 《十六大以来重要文献选编》中，中央文献出版社2006年版，第706页。

平比较低。改革开放以来，我国的经济建设取得了举世瞩目的成就，胜利实现了现代化建设第一步和第二步战略目标，人民生活总体上达到小康水平。但是我国社会生产力水平和人民物质文化生活水平还不高，人民日益增长的物质文化需要和落后的社会生产之间的矛盾是我国社会的主要矛盾并没有改变。而且，当今世界是科学技术和综合国力的竞争，我们面临着西方国家经济、科技优势的巨大压力。因此，我国现阶段的主要任务仍然是大力发展社会生产力，不断满足人民日益增长的物质文化需要。发展是硬道理，发展是解决中国一切问题的前提和关键。所以，党的十六大提出要在本世纪头二十年，全面建设惠及十几亿人口的更高水平的小康社会，使经济更加发展，民主更加健全，科教更加进步，文化更加繁荣，社会更加和谐，人民生活更加殷实。

激发创造是社会充满活力的必要条件。发展是新事物代替旧事物，要发展就要有创造。一个社会只有做到使一切有利于社会进步的创造愿望得到尊重、创造活动得到支持、创造才能得到发挥、创造成果得到肯定，才能调动起人们的积极性，才能促进社会的发展，才能称得上是充满活力的和谐社会。全面建设惠及十几亿人口的更高水平的小康社会，不是依靠少数人就可以完成的，必须调动和依靠全民族的积极性和创造活力。马克思主义认为，人民群众是社会物质财富和精神财富的创造者，人民群众的实践活动是推动社会历史发展的动力。建设社会主义和谐社会、加快推进社会主义现代化建设，是为实现和维护广大人民群众自身的利益，而完成这一伟大事业，也只有依靠人民群众自己的力量。最广泛最充分地调动一切积极因素，把全民族的积极性和创造活力激发起来，发挥出去，是构建社会主义和谐社会的现实基础和力量源泉。

第四章
科学发展观指导下构建社会主义和谐社会

调动一切积极因素激发全社会的创造活力。要最广泛最充分地调动一切积极因素，促进生产力发展，激发社会的创造活力。一要充分发挥人民群众推动历史发展的作用。在人类社会发展的历史进程中，人民群众始终是推动社会历史发展的主体。要充分发挥人民群众推动社会历史发展的主体作用，按照人民群众的意愿并依靠人民群众的力量，坚持不懈地把人民群众的利益维护好、实现好、发展好。二要认真贯彻"四个尊重"的重要方针。要尊重劳动、尊重知识、尊重人才、尊重创造。这是不断增强社会创造活力的前提。既要充分发挥知识分子、工人阶级、农民群众的主体作用，又要鼓励和支持其他社会阶层人员为经济社会发展贡献力量。三要坚持以人为本激发社会创造活力。要以人为本，注重社会公平正义，从制度上保障人民群众竞争机会的平等。同时要不断促进经济社会的全面、协调发展，不断推动人的全面发展。四要逐步形成人与人之间平等友爱、团结互助、融洽和谐的人际关系。要不断发展平等友爱、团结互助、共同前进的社会主义新型人际关系，不断提高以社会风气、公共秩序、生活环境为主要标志的城乡文明程度，为促进发展和激发活力提供良好的社会环境。要调动一切积极因素，促进社会发展，激发社会创造活力，逐步形成全面发展、融洽和谐的社会氛围。充满创造活力的社会才是马克思恩格斯社会主义本质要求的和谐社会。

3. 人际关系和谐

人际关系和谐即社会成员的和谐相处，可以概括为人人平等、和而不同、互惠互利。构建社会主义和谐社会就是要以这些基本的人际关系原则为出发点和立足点，妥善处理和协调人际关系，使人际关系处于一种和谐、融洽、友爱的状态。

社会主义和谐社会人际关系和谐的特点主要有以下几个方面。第一，人人平等。社会主义社会的基本特征之一就是人与人之间是同志式的团结互助关系。在社会主义社会，广大人民是国家的主人，因而，人与人之间是平等的关系。这是社会主义的本质要求。在现代社会，每一个社会成员作为公民都应具有平等的人格、权利和机会。社会主义和谐社会更应是尊重社会成员独立人格的社会，更应是社会成员的基本权益能够得到保障的社会，也是社会成员有平等的机会并遵循公平的规则充分发挥其才能的社会。只有这样的社会，才是我们要建设的社会主义和谐社会。

第二，和而不同。人际关系和谐并不意味着没有差异。现代意义上的和谐是多样性和差异性的统一。和而不同就是尊重个人、包容个性差异，并通过协商形成共识，使多样性之间达到协调、合作、共赢。因此，要承认和尊重个性的差异，即承认多样性。社会主义和谐社会应该是既尊重多样性和个体性差异，又能在多样性中寻求统一性和互补性的社会。只有这样的社会才能实现真正的和谐、安定和团结，才能形成全体人民各尽其能而又各得其所的和谐社会。

第三，互惠互利。就是社会各阶层、群体和成员之间能够保持一种互利互惠的关系。处在较高位置的阶层、群体在增进自己利益的时候，不能以牺牲或损害处在较低位置的阶层、群体的利益为代价。正确的做法是使两者的利益同时得到增进。只有这样，才能使社会成员之间达到和睦团结，才能有利于社会的安全运行和实现社会和谐稳定，这也是构建社会主义和谐社会的基本要求。

构建和谐社会，实现人际关系和谐，就必须在全社会倡导并形成诚实守信、互帮互助和全体人民平等友爱、融洽相处的社会氛围。诚信是人类社会一切道德的基础和根本，是做人成事及经济运行、

第四章
科学发展观指导下构建社会主义和谐社会

社会发展的一个基本道德规范。一个信用缺失的国家，必然不会有和谐的人际关系和良好的社会秩序以及经济社会的持续快速健康发展。友爱就是要在全社会倡导全体人民平等友爱、融洽相处。这对于构建社会主义和谐社会具有积极的意义。倡导并形成诚信友爱的社会氛围和人际关系，这属于道德建设范畴。因此，要积极实施公民道德建设工程，广泛开展社会公德、职业道德和家庭美德建设。在全社会倡导爱国守法、明礼诚信、团结友爱、勤俭自强、敬业奉献的基本道德规范，形成良好的道德风尚和文明行为，营造融洽相处的人际关系氛围。总之，社会主义道德建设是社会主义精神文明建设的重要组成部分，它能够为构建社会主义和谐社会提供精神动力和智力支持。

4. 人与自然和谐

人与自然和谐，即在维护人类利益的同时也要维护自然界的平衡，通过提高资源利用率，改善生态环境，确保社会系统和自然生态系统的协调发展。人与自然和谐是社会主义和谐社会的重要特征。

首先，人与自然关系是和谐社会的基本关系。人与自然关系主要表现在人与自然相互作用以及人与自然能够实现和谐两个方面。第一，人与自然相互作用。人与自然的关系反映的是人类文明与自然演化的相互作用。人类的生存与发展离不开自然，同时人的活动也深刻影响着自然的方方面面。人的活动不仅影响自然的功能和结构，而且也影响自然的演化过程。人与自然的相互作用体现在两个方面，一是人类对自然的影响与作用。这点包括人从自然界索取资源与空间，享受生态系统提供的服务，向环境排放废水、废气、废渣等废弃物；二是自然对人类的影响与反作用。这点包括资源环境对人类生存发展的制约，自然灾害，环境污染，生态退化等对人类的负面影响。第二,人与自然能够实现和谐。人类可以而且能够认识和利用自然。人类社会在认识、利用、改造和适应自然的过程中逐渐发展。人与自然之间的关系是一个从和谐到失衡,再到新的和谐的波浪式前进的过程。马克思曾经说过:"人同自然界的完成了的本质的统一,是自然界的真正复活。"[①] 人类就是要在认识和利用自然的过程中,不断改造和适应自然,不断追求人与自然的和谐,逐步实现人类社会的全面协调可持续发展。这是人类社会赖以生存和发展的基础,也是人类共同的价值取向和最终归宿。

其次,人与自然和谐是和谐社会的必然要求。社会主义和谐社会在人与自然上的表现就是人与自然之间的高度和谐。长期以来,我国人与自然之间的关系比较紧张。伴随着我国经济社会的快速发展,人与自然的矛盾也日益突出。在我国,这种矛盾主要表现在人与资源和人与环境两个方面。一是人与资源矛盾加剧。由于我国人口众多,资源较少,所以人均资源占有量很少。同时,在我国经济发展过程中,不合理的资源利用方式,使我国的资源利用率很低,这从侧面加剧了我国资源的紧缺程度。解决这种矛盾的办法就在于改变我国的资源结构和资源利用方式,以缓解资源短缺对我国经济社会发展的压力。二是人与环境矛盾尖锐。随着我国工业化进程的加快,由于我国发展经济过程中对环境保护认识程度不够,导致对污染的治理严重不足,致使我国环境脆弱,人与环境之间的矛盾异常尖锐。大规模的资源开发和高强度的人类活动,使生态环境整体功能下降,复合性环境污染加剧,对人民生命健康构成严重危害。人与环境矛盾尖锐要求建立人与自然之间的和谐关系。人与自然和

---

① 《马克思恩格斯全集》第42卷,人民出版社1979年版,第122页。

第四章
科学发展观指导下构建社会主义和谐社会

谐相处是社会主义和谐社会的重要特征。

(三) 按照社会主义本质要求构建和谐社会

我国现在正在进行的建设有中国特色的社会主义,处于社会主义初级阶段。在这个阶段,生产力发展水平相对落后,人民生活水平较低,社会生活中还存在各种各样的利益矛盾和问题。在现实基础上如何建设社会主义,是摆在我们面前的重大问题。以胡锦涛为总书记的中央领导集体,高瞻远瞩,深谋远虑,提出构建社会主义和谐社会,既符合社会主义的本质要求,又切合我国经济、政治、文化和社会实际,是对"什么是社会主义"的新认识,新突破。构建社会主义和谐社会,是中国特色社会主义的本质要求。按照社会主义本质要求构建和谐社会,要做到整个社会"四位一体",全面进步,同时要坚持以人为本,促进人的全面协调发展。

1. "四位一体"全面进步

(1) 中国特色社会主义的"四位一体"布局。党中央提出构建社会主义和谐社会,使我国的社会主义现代化建设总体布局,由发展社会主义市场经济、社会主义民主政治和社会主义先进文化"三位一体",扩展为建设社会主义物质文明、政治文明、精神文明与和谐社会的"四位一体",实现了对建设有中国特色社会主义认识的新飞跃,体现了马克思主义关于建设社会主义的本质要求。

构建社会主义和谐社会是一个伟大的系统工程。在这个伟大的系统工程里,经济要发展,政治要稳定,文化要繁荣,社会要全面进步。"四位一体"最基本的要求就是在社会主义建设过程中,必须坚持以经济建设为中心,大力发展社会生产力,大力加强物质文明建设,为构建社会主义和谐社会创造坚实的物质基础;必须坚持发展社会主义民主政治,把党的领导、人民当家作主和依法治国有机统一起来,全面推进社会主义政治文明,为构建社会主义和谐社会提供可靠的政治保证;必须坚持发展社会主义先进文化,巩固马克思主义的指导地位,弘扬以爱国主义为核心的民族精神和以改革创新为核心的时代精神,为构建社会主义和谐社会形成强力的精神支撑;同时,通过构建社会主义和谐社会,为社会主义物质文明、政治文明和精神文明创造有利的社会条件和提供基础性保障。只有"四位一体"全面进步的社会,才是马克思恩格斯社会主义本质要求的和谐社会。

"四位一体",全面进步,是构建社会主义和谐社会的基本要求。"四位一体"就是指经济、政治、文化、社会建设四个方面要全面发展,不能有片面性,不能只注重一个方面而忽视或削弱其他方面。要做到经济、政治、文化和社会建设全面发展,全面进步,才能实现社会和谐。

第一,发展经济能够为构建社会主义和谐社会提供物质基础。一个社会,如果经济上落后,处于贫穷状态,那么整个社会就很难和谐。经济落后则被动挨打。经济上落后,军事力量难以有保证,国力弱小,在国际交往中往往处于劣势,受到强权国家的欺凌。经济落后则社会不稳定。经济搞不上去,人们吃饭都成问题,各种矛盾相伴而生。人心不稳,斗争频发,社会混乱,更谈不上社会和谐。因此,要坚持以经济建设为中心,坚持发展是第一要务,全力推进社会主义物质文明建设,不断满足人民群众日益增长的物质文化需要。经济建设上去了,人心才能思稳思上,社会才能产生凝聚力,才能形成构建社会主义和谐社会的基本条件。

第二,发展政治能够为构建社会主义和谐社会提供政治保证。

第四章
科学发展观指导下构建社会主义和谐社会

发展政治涉及社会生活的方方面面,但其中主要的有两个方面,一是民主,二是法治。民主指的主要是人民当家作主。在我国实行的是社会主义制度,人民是国家的主人,国家的一切权力属于人民,人民享有充分的民主权利和自由。同时,民主又和集中相联结,即民主集中制。这是我国的基本政治制度。既讲民主,又讲集中,这样才能使和谐社会有可靠的保证。正如毛泽东所说,我们的目标,是想造成一个又有集中,又有民主,又有纪律,又有自由,又有统一意志,又有个人心情舒畅,生动活泼,那样一种政治局面,以利于社会主义革命和建设。法治指的是我国人民管理国家的方式方法,其首要的意义就是依法治国,依法行政。依法治国,提高我国的法治水平,是我国构建社会主义和谐社会的基本方面。依法管理社会,在社会生活中促进公平正义,是我国构建社会主义和谐社会的重要方面。要完善社会主义民主,依法治理国家,发展民主政治,为构建社会主义和谐社会提供基本的政治保证。

第三,发展文化能够为构建社会主义和谐社会提供思想基础。一个社会要和谐,必须有共同的思想基础。大力发展社会主义先进文化,是形成共同的思想基础的主要途径。为此,要坚持马克思主义在我国意识形态领域里的指导地位,坚决抵制各种否定马克思主义的错误观点;要牢牢把握舆论导向,坚持正面宣传,为团结稳定鼓劲;要加强理想信念教育,坚持培养有理想、有道德、有文化、有纪律的社会主义建设者和接班人;要加强公民道德建设,坚持发扬中华民族的传统美德;要做到尊重人、理解人、关心人,坚持推进人的全面发展,体现马克思恩格斯关于社会主义的本质规定,逐步形成构建社会主义和谐社会共同的思想基础,为构建社会主义和谐社会提供精神动力和智力支持。

第四,全面发展社会能够为构建社会主义和谐社会提供基础保障。社会要全面发展,只有全面发展的社会,才能构成全面的"四位一体"的社会主义和谐社会。全面发展社会,除了要经济、政治、文化充分发展与全面协调之外,社会自身也要加强建设。要使社会自身不断保持稳定与平衡,使经济、政治、文化之间相互适应,相互促进;要加强社会管理,通过社会的自身完善来解决社会生活中出现的问题;要统筹经济、政治、文化及社会,通过制定科学的社会发展规划来促进"三大文明"建设的协调发展;要提高服务水平,通过更高水平的服务赢得人民群众的拥护和支持;要加强社会建设研究,采取正确的方针、政策和策略,调整社会结构,改革社会体制,完善社会运行机制,使社会运行逐渐走上健康有序、稳定发展的道路,不断为构建社会主义和谐社会提供源源不断的基础性保障。

(2)加强社会建设的重要性。"四位一体"更加符合我国社会主义建设实际。长期以来,在我国有中国特色社会主义事业建设过程中,我们十分注重"三大文明"建设,尤其是改革开放以后,以经济建设为中心,突出了物质文明建设却忽视了社会系统建设。其实,社会系统建设是建设中国特色社会主义的一个十分重要的方面,它能为"三大文明"建设提供稳定而和谐的社会环境,保障"三大文明"建设的顺利进行。因此,提出构建社会主义和谐社会,更加符合我国中国特色社会主义实际,弥补了我国过去对社会系统建设的缺失和不足,使中国特色社会主义建设实现了"四位一体"的全面建设和全面进步。

构建社会主义和谐社会是我国有中国特色社会主义建设新阶段的必然要求。提出构建社会主义和谐社会是我们党顺应历史发展变化,为推进中国特色社会主义伟大事业作出的重大战略举措,是我

第四章
科学发展观指导下构建社会主义和谐社会

国处于体制转轨、社会转型这一特殊历史时期经济社会发展的必然要求,是满足人民群众不断增长的物质文化需要的必然要求。我国进入建设有中国特色社会主义新时期,由于历史、国情等复杂因素,社会的主要矛盾集中表现为人民日益增长的物质文化需要同落后的社会生产之间的矛盾。因此,我们确定了以经济建设为中心的发展思路,确立了建立社会主义市场经济体制。但是,由于我国的市场机制还没有完全成熟,多元的利益主体已经开始产生,人们追求利益的欲望被激发出来,导致许多不和谐的因素大量出现,由此引发的社会矛盾趋于多样化、复杂化。加上社会成员分化,价值取向各异,使整个社会系统正在经历着急剧而深刻的变化。当前社会系统中的不和谐因素主要有以下几个方面:一是收入分配差距带来的利益矛盾突出。为实现共同富裕,我们鼓励一部分人、一部分地区先富起来,以先富带动后富,最终达到共同富裕。改革开放30多年的发展,我国贫困人口已经大大减少,但调查发现,我国的基尼系数已攀升到0.45左右,而且这种差距还在扩大之中。这种收入分配差距带来的利益矛盾成为我国人民内部矛盾的根源性矛盾和主导性矛盾。二是地区发展不平衡造成区域发展水平差距过大。由于历史地理原因,改革开放以来,我国东部地区发展很快,中部和西部地区发展缓慢,尤其是广大西部地区,发展更是落后。东西部地区发展水平差距越拉越大,致使我国区域间不和谐越来越严重。三是"三农"问题成为制约我国经济社会发展的瓶颈。农业是国民经济的基础,而我国的农业基础地位薄弱,农村发展缓慢,农民增收困难。没有农村的现代化,没有农民的脱贫致富,就不是真正意义上的现代化,就不会建成社会主义和谐社会。如果不能处理好"三农"问题,就会导致社会的不稳定、不和谐,就会严重影响我国构建社会主义和谐社会的进程。四是就业压力增大造成下岗失业人员增多。就业是民生之本、安国之策。失业人员增多，必然会增加社会的不稳定。由于我国人口数量多，就业压力很大。大量人员失业下岗成了影响构建和谐社会的重要因素。五是生态破坏、环境恶化等严重影响了我国经济社会的可持续发展。我国经济社会转型时期存在的许多不和谐因素，是阻碍我国社会经济发展的绊脚石。因此，要构建社会主义和谐社会，减少社会失衡，消除各种矛盾，促进社会和谐，达到社会稳定，实现国家长治久安。

构建社会主义和谐社会要消除社会中的不和谐因素，加强社会系统建设。具体来说应做到以下几点：

首先，加强社会管理，提高服务水平。社会主义和谐社会的重要表现在于社会管理体系完善和社会服务水平较高。加强社会管理，提高服务水平才能形成良好的社会环境。随着我国经济发展和改革深化，我国的经济体制已经实现了从计划经济体制向社会主义市场经济体制的转变，社会主义市场经济体制已经初步建立。相比较而言，我国的社会管理体制由于缺少相应的规划和政策，不能很好地与经济发展相适应，跟不上经济发展的需要，从而导致各种事故频发，造成人、财、物的巨大损失，反过来影响了国民经济的持续快速健康发展，影响了社会主义和谐社会建设，影响了以人为本和不断实现人的全面发展。因此，与经济发展相适应，需要进一步加强社会管理和提高服务水平，使社会发展与经济发展相协调。

其次，加强社会管理和推进体制创新。构建社会主义和谐社会是一项新的历史任务，需要不断加强社会管理，同时还需要不断推进社会管理体制创新。要进一步推进行政体制改革，改进政府管理方式，强化服务意识，推行电子政务，整合行政资源，降低行政成

第四章
科学发展观指导下构建社会主义和谐社会

本,提高工作效率,努力形成行为规范、运转协调、公正透明、廉洁高效的行政管理新体制;要进一步理顺社会管理各部门的关系,规范它们的职能权限,建立健全各管理部门相互支持、紧密配合、共同促进的综合执法新体制;要进一步整合社会管理资源,推进公共设施建设和管理社会化进程。健全党委领导、政府负责、社会协同、公众参与的社会管理新格局,努力形成社会管理和社会服务的合力,不断提高社会管理和服务水平,创造良好的社会环境,逐步形成和谐有序的社会状态,不断推进社会主义和谐社会建设。

再次,正确处理人民内部矛盾,保持社会安定团结。构建和谐社会必然要求减少各种矛盾,同时整个社会还应处于安定团结状态而且充满发展的创造活力。由于社会主义市场经济体制的建立触动了原有的利益格局,社会不同利益主体随之出现,利益多元化的格局已经形成。各自的利益必然带来权利意识,权利意识必然导致政治诉求,不同社会利益群体之间的矛盾也大量出现。由于我国正处于新旧体制转换和社会结构调整与变革的过程中,各种政治和社会问题比较多,如就业问题、腐败问题、分配不公问题、社会治安问题等,这些问题社会影响面广,容易引发社会矛盾,导致社会不稳定,不和谐。构建和谐社会,需要认真研究和解决各种问题,正确处理各种矛盾,保持社会安定团结,形成协调和谐的社会状态,创造良好的社会环境。妥善协调各方面的利益关系,正确处理人民内部矛盾,必须坚持以最广大人民的根本利益作为制定政策与开展工作的出发点和落脚点,正确反映和兼顾不同方面群众的利益。要高度重视和维护人民群众最现实、最关心、最直接的利益,坚决纠正各种损害群众利益的行为。要健全正确处理人民内部矛盾的机制,完善信访工作责任制,综合运用政策、法律、经济、行政等手段和教育、调解、协调等方法，依法及时合理地处理群众反映的问题。要建立健全社会利益协调机制，引导群众以理性合法的形式表达利益要求、解决利益矛盾，自觉维护安定团结。

(3) 实现可持续发展。可持续发展观是20世纪80年代提出来的一种全新的发展观念。所谓可持续发展，是指环境质量与经济增长和社会发展之间，有着一种内在的积极联系，各类发展既要满足当代人不断增长的需要，又要不损害未来几代人生存和发展的需要。坚持可持续发展，就是要实现人与自然的和谐相处，确保代内公平和代际公正。

实现可持续发展是构建和谐社会的基本要求。不讲可持续发展，只顾对自然的索取，不顾自然界的报复；只顾当代人，不顾后代人，这是一种严重违背自然规律的发展方式。不讲可持续发展，会导致人对自然资源的无限制掠夺，会造成资源的枯竭，森林的破坏和减少，土地的退化、沙化和荒漠化，水资源的缺乏和污染，环境和空气的恶化等等。这不但使发展受到阻碍，而且使地球变得不再适合人类生存。资源的紧张会引起国际之间和国内各地区、各人群之间的激烈争夺，甚至引起军事和暴力行动；人类生存环境的破坏会引起剧烈的生存危机，进而会引起生存空间的争夺，导致社会的不稳定与不和谐；当代人对自然的掠夺和破坏会危及后代人的生存和发展，影响后代人社会的和谐。在这种情况下，人类社会就没有和谐可言，一个国家更不会有和谐可言。构建和谐社会内在要求坚持可持续发展。

坚持可持续发展的紧迫性。首先，我国的基本国情决定了要坚持可持续发展。人口多，资源少，环境恶化决定了我国必须选择可持续发展道路。我国有14亿人口，人口总量大且素质偏低，人口结

第四章
科学发展观指导下构建社会主义和谐社会

构欠合理。由于人口多,我国人均资源占有量很少,资源呈现严重不足的状态。近年来,我国经济取得了长足发展,但经济的发展却牺牲了环境。我国环境状况令人担忧,环境保护工作十分薄弱,环境保护的形势相当严峻。人口多,资源少,环境污染突出的基本国情,决定了我们必须坚持可持续发展。其次,我国经济社会发展进入新阶段要求坚持可持续发展。新世纪新阶段,我国进入了建设社会主义和谐社会的新的发展阶段。在这个阶段,我们要使生态环境不断改善,资源利用效率不断提高,促进人与自然和谐相处,推动整个社会走上生产发展,生活富裕,生态良好的和谐发展道路。经济社会发展的重大阶段性变化,要求我们必须坚持可持续发展观,实现在发展问题上的新的飞跃。

坚持可持续发展的基本要求。必须正确处理经济社会发展与人口、资源和环境的关系,在更快更好地实现经济社会发展的同时,坚持计划生育、资源保护和环境保护的基本国策,控制人口数量,提高资源保障能力,实现经济发展与人口、资源和环境的协调发展。在工作重心上,一是要大力发展循环经济。要抓好资源的节约和综合利用,形成有利于节约资源、减少污染的生产模式和消费方式;要在企业内部推广清洁生产,实现耗能低、污染少的生态生产模式;要在工业集中地带发展生态工业园区,实现废物"零排放";要在全社会统筹工业与农业,生产与消费,城市与乡村,大力发展资源循环利用产业,实现可持续发展,逐步建成循环社会。二是要加强对环境污染的治理,抓好生态环境保护工作。要加大从源头上控制污染的力度,彻底改变以破坏资源和环境为代价的粗放型增长方式。要增强全民族的环境保护意识,营造爱护环境、保护环境、建设环境的良好风气。三是要适度调节人口增长,提高人口素质。要建立健全适应科学发展观要求的人口和计划生育工作机制，创新工作思路和工作方式，实现人口、资源和环境协调发展，促进人与自然和谐相处。

2. 坚持以人为本

构建社会主义和谐社会必须坚持以人为本。坚持以人为本就是要维护和实现广大人民群众的利益，以人的发展为根本目的，从人民群众的根本利益出发谋发展、促发展，保障人民群众的经济、政治和文化权益，使全体人民各尽其能、各得其所，从而实现人的全面发展。坚持以人为本，实现人的全面发展，是按照马克思恩格斯的社会主义本质规定构建和谐社会的基本要求。构建社会主义和谐社会，就是要以人为本，促进和实现人的全面发展。

(1)"以人为本"的内涵和要求。以人为本，就是要把人民的利益作为一切工作的出发点和落脚点，不断满足人们的多方面需求和实现人的全面发展。以人为本是以人为根本的思想观念、价值取向和评价尺度。它是社会主义和谐社会的核心价值和本质体现，它充分体现了马克思恩格斯关于社会主义社会本质规定中的人的全面发展思想。胡锦涛同志指出："坚持以人为本，就是要以实现人的全面发展为目标，从人民群众的根本利益出发谋发展、促发展，不断满足人民群众日益增长的物质文化需要，切实保障人民群众的经济、政治和文化权益，让发展的成果惠及全体人民。"①

坚持以人为本，构建社会主义和谐社会，促进人的全面发展的具体要求。要在经济发展的基础上，不断提高人民群众的物资文化生活水平和健康水平；要保障人民的政治利益，积极推进政治文明

---

① 《十六大以来重要文献选编》上，中央文献出版社2005年版，第850页。

第四章
科学发展观指导下构建社会主义和谐社会

进程，保证人民依法享有广泛的政治权利和自由，切实尊重和保障人权；要大力发展有中国特色的社会主义先进文化，努力实现人的思想和精神生活的全面发展，不断提高人们的思想道德素质、科学文化素质和健康素质；要保障人民在教育、就业、收入、财产和发明创造等方面的合法权益，不断促进人的全面发展。以人为本，体现了马克思主义的基本观点。我们要构建的社会主义和谐社会是马克思恩格斯社会主义本质规定的现实要求，理所当然地必须坚持以人为本，一切依靠人民，一切为了人民，不断促进和实现人的全面发展。

（2）以人为本的价值取向。以人为本要求尊重人民群众的主体地位。马克思主义唯物史观认为，人民群众是历史的主人，是实践的主体，他们是社会物质财富和精神财富的创造者，是社会变革的主体力量。尊重人民群众的历史主体地位，包括尊重人民群众在历史活动中所表达的意愿、所显示的智慧、所进行的创造、所发挥的作用等，既内在地包含着尊重社会发展规律，也内在地包含着尊重人民群众的利益需求。人民群众作为历史主体，不仅通过推动生产力的发展从最终意义上影响和决定着社会基本矛盾的走势，而且还以主力军的角色直接参与推动生产关系和上层建筑的变革，参与推动社会形态的演进。尊重人民群众的历史主体地位，就必然要按照人民的意愿并依靠人民的力量，坚持不懈地把人民的利益维护好、实现好、发展好。尊重人民群众的历史主体地位，实际上就是把尊重社会发展规律的马克思主义真理观与着眼于实现人民利益的马克思主义价值观贯通起来。正因为这样，坚持以人为本，坚持尊重人民群众的历史主体地位，既是马克思恩格斯社会主义本质规定的现实要求，更是构建社会主义和谐社会的具体要求。

构建和谐社会要求坚持以人为本。社会主义和谐社会是一个全社会充满创造活力的社会。它既是一个全体人民各尽其能的社会，又是一个全体人民各得其所的社会。构建社会主义和谐社会需要全体社会成员的共同努力，需要团结一切可以团结的力量。要使全社会充满创造活力，必须放手让一切有利于社会进步的创造愿望得到尊重，创造活力得到发挥，创造成果得到肯定。只有这样，才能激发全社会的创造精神，调动全社会的创造热情。这就要求坚持以人为本，把人民群众的利益放在第一位，"要坚持权为民所用、情为民所系、利为民所谋，为群众诚心诚意办实事，尽心竭力解难事，坚持不懈做好事"[①]。只有坚持以人为本，把人当作发展的根本出发点和落脚点，一切以满足人的需要和权益为归依，我们才有可能使全体人民各尽其能、各得其所，我们才有可能建设成一个更加和谐的社会。

（3）促进人的全面发展。人的全面发展是马克思主义的一个基本观点。它是指人的自我意志获得自由体现，人的各种需要、潜能、素质、个性获得最充分的发展，人的社会关系获得高度丰富等。按照马克思恩格斯关于社会主义的本质规定构建社会主义和谐社会，就是要坚持以人为本，把满足人的全面需要和促进人的全面发展作为构建和谐社会的根本出发点和落脚点，围绕人们的生存、享受和发展的需要，提供充足的物质文化产品和服务，围绕促进人的全面发展推动经济、政治、文化的全面进步。

第一，坚持以人为本，促进人的全面发展，要不断满足人民群

---

① 《十六大以来重要文献选编》上，中央文献出版社2005年版，第371页。

第四章
科学发展观指导下构建社会主义和谐社会

众日益增长的物质需要，保证人民的经济利益。在满足生存需要的基础上，还要满足安全、享受和发展的需要。在提高人民生活水平的同时，还要不断改善人民的生活质量、改善生活的环境和条件。要特别关注城乡低收入群体和贫困人口的需要，努力实现共同富裕。这就要大力发展社会生产力和完善生产关系，为人的全面发展提供坚实的物质基础。人的发展在多大程度上达到全面性，取决于他有多少闲暇时间。也就是说，一个社会的物质文明越发达，个人花在谋生上的时间越少，他就有更多的时间在其他方面发展自己。因此，在社会主义初级阶段，我们要大力发展物质生产力，努力提高城乡居民的收入，尽快地使全国人民过上殷实的小康生活，不断提高人民的物质生活水平，促进和实现人的全面发展。

第二，坚持以人为本，促进人的全面发展，要保证人民的政治利益，积极推进政治文明进程。要坚持以人为本，大力加强政治文明建设，促进人的全面发展。要支持人民当家作主，健全民主制度，丰富民主形式，逐步扩大公民有序的政治参与，保证人民依法实行民主选举、民主决策、民主管理和民主监督，享有广泛的权利和自由，尊重和保障人权；要与社会主义市场经济客观要求相适应，不断完善社会主义民主政治和法律体系；要坚持和完善人民代表大会制度、从制度上切实保证人民当家作主；要进一步改革和完善党的领导方式和执政方式，加强党的领导和党的建设；要继续转变政府职能，改革行政体制，提高行政效率；要逐步建立和健全人才成长的制度、体制和机制等。坚持以人为本，促进人的全面发展，必须积极推进政治体制改革，大力加强政治文明建设，实现社会主义民主政治的制度化、规范化、程序化。

第三，坚持以人为本，促进人的全面发展，要不断满足人民群众日益增长的精神文化需要,加强精神文明建设。人的全面发展是一个全方位、多层次的系统工程,它不仅包括以物质需要为基础的基本需要的满足,而且还包括政治需要和文化需要的满足。就文化而言,它是随着人的发展而不断丰富和发展的。这就要求大力发展社会主义先进文化,努力实现人们思想和精神生活的全面发展。要进一步提高教育水平,努力提高公民的思想道德素质、科学文化素质以及健康素质;要逐步改善卫生保健条件,形成相对完善的医疗卫生体系;要建立学习型社会,促进人的各方面发展;要积极进行文化创新,大力培育和弘扬先进文化。构建社会主义和谐社会,要坚持以人为本,不断发展先进文化,建设社会主义精神文明,满足人民群众日益增长的精神文化需要,使人们的精神世界更加丰富,文化生活更加充实,不断促进人的全面发展。

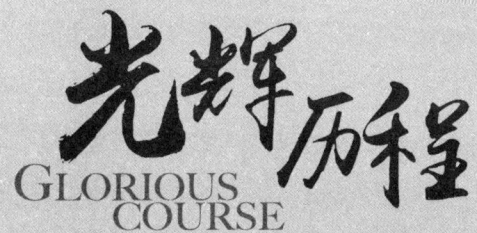

中国特色社会主义理论与实践
The Theory and Practice of Socialism with Chinese Characteristics

第五章

实现中华民族伟大复兴的中国梦

第五章 实现中华民族伟大复兴的中国梦

党的十八大以来,以习近平同志为总书记的党中央牢牢把握我国仍然处于并将长期处于社会主义初级阶段这个最基本国情,认清这个关系我国中国特色社会主义现代化建设最大的实际,不断提升对如何建设中国特色社会主义规律的认识,科学提出实现中华民族伟大复兴的中国梦的总目标,逐步推进全面建成小康社会,形成了总揽全局的"四个全面"战略思想,创新性提出了五大发展理念,逐步形成了一系列丰富的治国理政方略,有效地向前推进了中国特色社会主义伟大事业。

一、中国梦的提出和发展历程

(一) 中国梦的提出过程

中国梦思想是中国共产党第十八次全国代表大会召开以来,习近平总书记提出的重要指导思想和重要执政理念。中国梦思想的提出和发展历程大致如下。

2012年11月29日,中共中央总书记习近平同志在国家博物馆参观"复兴之路"展览时,第一次阐释了"中国梦"的概念。习近平总书记指出:"实现中华民族伟大复兴,就是中华民族近代以来最伟大的梦想。"这个实现中华民族伟大复兴的最伟大的梦想,习近平同志称之为中国梦。习近平总书记同时明确表示:中华民族伟大复兴的中国梦"一定能实现"。这是习近平总书记首次提出实现中华民族伟大复兴的中国梦思想。中国梦思想一经提出,就和中华民族的伟大复兴紧密相连,结伴而生。中华民族伟大复兴是我们理解中国梦的根本和基础。

2013年3月17日,新任国家主席习近平同志在十二届全国人大一次会议闭幕会上,郑重向全国人大代表发表自己的就职宣言。在20多分钟的讲话里,习近平主席9次提到"中国梦",44次提及"人民",掌声不断,赢得了与会代表的高度赞同。习近平主席系统阐发了"中国梦"的伟大思想,提出了实现中国梦的"三个必须"思想。习近平主席用"三个必须"思想勾画了实现中国梦的具体路径。"三个必须"就是指实现中国梦必须走中国道路,实现中国梦必须弘扬中国精神,实现中国梦必须凝聚中国力量。中国梦归根到底是人民的梦,必须紧紧依靠人民来实现,必须不断为人民造福。

中国梦的核心目标可以概括为"两个一百年"。这就是到中国共产党成立一百年时(2021)全面建成小康社会的目标一定能实现,到新中国成立一百年时(2049)建成富强民主文明和谐的社会主义现代化国家的目标一定能实现,中华民族伟大复兴的梦想一定能实现。中华民族伟大复兴中国梦实现以后将是国家富强、民族振兴、人民幸福。实现中国梦的具体方式表现为必须坚持走中国特色的社会主义道路,坚持中国特色社会主义理论体系,弘扬民族精神,凝聚中国力量,通过政治、经济、文化、社会以及生态文明"五位一

第五章
实现中华民族伟大复兴的中国梦

体"全面推进中国特色社会主义现代化建设,最终在21世纪中叶实现中华民族伟大复兴。

2013年3月,习近平在接受金砖国家媒体联合采访时谈到,中国人民发自内心地拥护实现中国梦,因为中国梦首先是14亿中国人民的共同梦想。这就表明中国梦是人民的梦,依靠人民共同努力一起实现。中国梦的最大特点就是把国家、民族和个人作为一个命运共同体,把国家利益、民族利益和每个人的具体利益紧密地结合在一起。

(二) 中国梦实现的阶段和特征

实现中华民族伟大复兴的中国梦,是近代以来中国人民最伟大的梦想,更是包括港澳同胞和台湾同胞在内的全体中华儿女的共同愿望。习近平总书记指出:"人民对美好生活的向往,就是我们的奋斗目标。"① 因此,我们应该始终把发展作为第一要务,坚持以人为本,坚持改革开放,积极推进全面建成小康社会、全面深化改革、全面依法治国、全面从严治党,带动经济建设、政治建设、文化建设、社会建设、生态文明建设和党的建设全面进步,实现中国特色社会主义现代化建设各个方面、各个环节协调发展、同向前进、共同进步。

中华民族伟大复兴中国梦完全实现大致需要这样几个阶段:第一,从2000年到2020年,是中国梦的全面建成小康社会阶段。第二,从2020年到2050年,是初步实现中华民族伟大复兴的阶段。第三,从2050年到本世纪末,是完全实现中华民族伟大复兴的阶

---

① 《习近平谈治国理政》,外文出版社2014年版,第4页。

段。到那时，中国将真正实现国家强盛、民族复兴、人民幸福，开创中华民族新的伟大盛世。

现阶段的主要目标和任务是全面建成小康社会。这个阶段将表现出这样几个特征：

第一，我国人民将得到全面发展。人的全面发展是共产党人的最终追求。共产党人的最终目标是建立"每个人的自由发展是一切人的自由发展的条件"的"自由人联合体"，也就是要实现共产主义。实现中国梦从根本上是要实现全体人民的全面发展，这是我们共产党人的目标和追求。正如习近平总书记所指出："中国梦归根到底是人民的梦，必须紧紧依靠人民来实现，必须不断为人民造福。"[①]

第二，我国综合国力进一步增强。"综合国力，主要是经济实力、科技实力，这种物质力量是基础，但也离不开民族精神、民族凝聚力，精神力量也是综合国力的重要组成部分。"[②] 综合国力是包括政治、经济和文化软实力等在内的综合影响力。综合国力的进一步增强是全方位的，这是中国梦的最重要特征。综合国力的增强，是中华民族伟大复兴的重要标志。我们需要进一步增强我国的综合国力。

第三，我国社会将变得更加文明。习近平总书记指出："一个国家和民族的文明是一个国家和民族的集体记忆。"[③] 文明是一个社会的主要指征。随着中国梦的实现，我国社会将逐渐走向更加文明。

---

① 习近平：《在第十二届全国人民代表大会第一次会议上的讲话》，人民出版社2013年版，第5页。
② 本书编写组编著：《深入学习习近平同志中国梦重要论述》，人民出版社2013年版，第74页。
③ 《习近平谈治国理政》，外文出版社2014年版，第258页。

第五章
实现中华民族伟大复兴的中国梦

推进中国梦的实现,要从物质文明、政治文明、精神文明、社会文明、生态文明等方面全面推进、全面发展。

第四,我国社会将进一步和谐。中国梦从根本上是人民的梦,中国梦的根本目标是要实现好,维护好,发展好最广大人民的根本利益,使全体人民过上幸福的生活,中国特色社会主义社会进一步展现为和谐的特征。习近平总书记指出:"社会和谐是中国特色社会主义的本质属性,所以必须团结一切可以团结的力量,最大限度增加和谐因素,增强社会创造活力,确保人民安居乐业、社会安定有序、国家长治久安。"①

现阶段,全体中国人民需要继续坚定不移地走中国特色社会主义道路,全民一心,奋力进取,逐步实现中国梦。实现中国梦就是在走中国特色社会主义道路的基础上,不断弘扬以爱国主义为核心的中国精神和以改革创新为核心的时代精神,紧紧凝聚中国各族人民大团结的中国力量,稳步把中国梦变为现实。

二、"四个全面"战略思想对建设中国特色社会主义的提升

"四个全面"战略思想是党的十八大以来以习近平同志为总书记的党中央从建设和推进中国特色社会主义的高度提出和形成的战略思想。"四个全面"战略思想站在中国特色社会主义新的历史起点上,全方位深化了我们对中国特色社会主义的认识,是马克思主义与中国实践相结合的又一次中国化马克思主义的新飞跃,是对建设

---

① 《习近平谈治国理政》,外文出版社2014年版,第13页。

中国特色社会主义认识的新提升。"四个全面"战略思想,有助于全面推进中国特色社会主义现代化建设,有助于实现中华民族伟大复兴的中国梦,在现阶段具有重要的战略意义。

(一)"四个全面"把建设中国特色社会主义提高到新水平

2014年12月,习近平总书记在江苏调研时强调指出:"要全面贯彻党的十八大和十八届三中、四中全会精神,落实中央经济工作会议精神,主动把握和积极适应经济发展新常态,协调推进全面建成小康社会、全面深化改革、全面推进依法治国、全面从严治党,推动改革开放和社会主义现代化建设迈上新台阶。"① 这是"四个全面"战略思想的首次提出和高度概括。"四个全面"是指"全面建成小康社会、全面深化改革、全面推进依法治国、全面从严治党"这四个基本方面。在"四个全面"中,如果把它作为一个理论逻辑框架来考察的话,全面建成小康社会是目标,是核心,是总纲领,是实现中华民族伟大复兴中国梦的关键环节。全面深化改革、全面推进依法治国是手段,是方法,是途径,即通过全面深化改革和全面推进依法治国这"鸟之两翼"实现全面建成小康社会,是全面建成小康社会的动力和保障。全面从严治党是以上三个全面的政治保证。这是"四个全面"的基本逻辑关系和基本理论框架。正如习近平总书记所强调:"全面建成小康社会是我们的战略目标,全面深化改革、全面依法治国、全面从严治党是三大战略举措",要"努力做到'四个全面'相辅相成、相互推进、相得益彰"。②

---

① 《人民日报》2014年12月15日。
② 《人民日报》2015年2月3日。

第五章
实现中华民族伟大复兴的中国梦

中国特色社会主义道路,是实现我国中国特色社会主义现代化的必由之路,是广大人民群众创造美好生活的必由之路。道路问题非常重要。正如习近平总书记所强调:"道路问题是关系党的事业兴衰成败第一位的问题,道路就是党的生命。中国特色社会主义,是科学社会主义理论逻辑和中国社会发展历史逻辑的辩证统一,是根植于中国大地、反映中国人民意愿、适应中国和时代发展进步要求的科学社会主义,是全面建成小康社会、加快推进社会主义现代化、实现中华民族伟大复兴的必由之路。"① 历史和实践证明,只有社会主义才能救中国,只有中国特色社会主义才能发展中国。习近平总书记指出:"党的十八大精神,说一千道一万,归结为一点,就是坚持和发展中国特色社会主义。"② 如果从中国特色社会主义建设视角来看,"四个全面"是中国未来一段时期推进发展的长期的战略布局,是中国走好中国特色社会主义道路,进行好中国特色社会主义建设的重要战略思想保障。正如习近平总书记所说,中国是一只和平的、可亲的、文明的狮子,"四个全面"则是这只狮子的四肢,平稳地支撑起其庞大的身躯,迈出矫健的步伐,纵横驰骋,横扫天下。"四个全面"战略思想把我们如何建设中国特色社会主义提高到新的认识水平。

(二)"四个全面"把建设中国特色社会主义推进到新阶段

建设中国特色社会主义,邓小平时期主张两个文明一起抓,"两手抓,两手都要硬"。江泽民同志把中国特色社会主义建设推进到三

---

① 《人民日报》2013 年 1 月 6 日。
② 《人民日报》2013 年 1 月 6 日。

个文明建设阶段,这就是物质文明、精神文明与政治文明一起共同推进。胡锦涛同志把建设中国特色社会主义推进到四个文明阶段,即物质文明、政治文明、精神文明和社会文明齐头并进。在新的历史时期,以习近平为总书记的新一届中央领导集体,高瞻远瞩,深谋远虑,把中国特色社会主义建设推进到新的历史阶段,这就是要全面推进中国特色社会主义建设。以"四个全面"为战略重心,以实现全面建成小康社会为基础,在全社会把物质文明、政治文明、社会文明、精神文明和生态文明共同推进,全面建设,形成了中国特色社会主义建设事业"五位一体"的总体布局。

中国特色社会主义建设的目标是要把我国建设成为富强民主文明和谐的社会主义现代化国家,逐步实现中华民族伟大复兴的中国梦。这就需要我们在建设中国特色社会主义过程当中,一定要从整体上把握"四个全面"战略思想,全方位、多角度开展中国特色社会主义现代化建设。"五位一体"总布局是新阶段建设中国特色社会主义的基点。"五位一体"总布局是要协调推进经济建设、政治建设、文化建设、社会建设、生态文明建设以及其他各方面建设。"四个全面"战略思想是"五位一体"总布局的思想性保证,起着引领和指导作用。"五位一体"总布局则为"四个全面"战略思想奠定现实实践性基础。在经济新常态发展条件下,"四个全面"与"五位一体"总布局相互促进,相得益彰,共同架构起中国特色社会主义现代化建设的实践大厦。在"四个全面"战略思想指导下,通过"五位一体"总布局的现实实践,中国特色社会主义建设被推进到了一个新的历史阶段。

(三)"四个全面"翻开了建设中国特色社会主义新篇章

习近平总书记强调指出:"坚持和发展中国特色社会主义是一篇

第五章

实现中华民族伟大复兴的中国梦

大文章,邓小平同志为它确定了基本思路和基本原则,以江泽民同志为核心的党的第三代中央领导集体、以胡锦涛同志为总书记的党中央在这篇大文章上都写下了精彩的篇章。现在,我们这一代共产党人的任务,就是继续把这篇大文章写下去。"① 这篇大文章写什么,怎么写是摆在以习近平为总书记的新一代中央领导集体面前的大问题。伴随着理论的进步和实践的发展,通过"四个全面"战略思想,这篇大文章已经开始谋篇布局,书写新的历史时期的时代华章。

"四个全面"战略思想紧紧围绕如何发展、如何改革、如何治国、如何管党等中国特色社会主义建设的核心问题,深刻阐明了建设中国特色社会主义现代化和实现中华民族伟大复兴的中国梦的一系列重大问题,把我们对中国特色社会主义建设规律提升到新的认识水平,铺展了中国特色社会主义建设的新画卷。

坚持和发展中国特色社会主义是我们党在未来相当长的时期里需要坚守的基本政治纲领,这是我们党对社会主义建设规律艰辛探索的重大理论结晶。新的历史时期,我们要认清我国仍然处于社会主义初级阶段的基本国情,同时推进建设中国特色社会主义要从这个基本国情出发。习近平总书记指出:"我们推进改革发展、制定方针政策,都要牢牢立足社会主义初级阶段这个最大实际,都要充分体现这个基本国情的必然要求,坚持一切从这个基本国情出发。"② 这是"四个全面"战略思想产生的根源和基础,也是我们书写新时期中国特色社会主义大文章的着力点。因此,现阶段"四个全面"战略思想强调要在全面从严治党的条件下,通过全面深化改革、全

---

① 《习近平谈治国理政》,外文出版社2014年版,第23页。
② 《习近平谈治国理政》,外文出版社2014年版,第26页。

面推进依法治国最终全面建成小康社会,这是一个有机的统一体。"四个全面"战略思想开启了中国特色社会主义现代化建设的新征程,翻开了建设中国特色社会主义的新篇章。

三、五大发展理念点亮中国特色社会主义

五大发展理念是习近平总书记在中国共产党第十八届中央委员会第五次全体会议上在《中共中央关于制定国民经济和社会发展第十三个五年规划的建议》中提出的关于发展的最新理念。习近平总书记强调:"破解发展难题,厚植发展优势,必须牢固树立创新、协调、绿色、开放、共享的发展理念。"[①] 五大发展理念更新了我们在建设中国特色社会主义过程中对发展的认识,照亮了中国特色社会主义建设的新征程,谱写了全面建成小康社会的新篇章。

(一)五大发展理念刷新了建设中国特色社会主义发展理念

新的历史时期,面对艰巨的全面推进中国特色社会主义建设和全面建成小康社会总任务,要想在我国发展仍处于可以大有作为的重要战略机遇期,但同时也面临诸多矛盾叠加、风险隐患增多的严峻挑战的状况下破解发展难题,就必须牢固树立并切实贯彻创新、协调、绿色、开放、共享的五大发展理念。五大发展理念是一个完整的相互交织、相互作用、相辅相成的发展理念有机体。牢固树立并贯彻落实这五大发展理念,是关系我国发展全局的一场深刻变革,

---

① 《中国共产党第十八届中央委员会第五次全体会议文件汇编》,人民出版社2015年版,第30—31页。

第五章
实现中华民族伟大复兴的中国梦

具有重大的现实意义和深远的历史意义。

创新理念。"创新是引领发展的第一动力。"创新是一个民族、一个国家、一个政党的核心要义和理念精髓。习近平总书记指出:"创新是一个民族进步的灵魂,是一个国家兴旺发达的不竭动力,也是中华民族最深沉的民族禀赋。"① 用创新理念武装我们的头脑,对于做好各项工作都十分必要。用创新理念指导发展,是推进发展的利器。理论是实践的先导,理念是行动的指针。只有确立了创新的发展理念,才能够更好地推进创新性发展。实践中应该把创新摆在发展全局的核心位置,使创新成为一种常态,成为一种自觉,从而推动各项工作实现质的飞跃,推进中国特色社会主义向着更加高昂的姿态进发。习近平总书记强调:"抓创新就是抓发展,谋创新就是谋未来。不创新就要落后,创新慢了也要落后。"② 因此,要不断推进包括理论创新、制度创新、科技创新、文化创新等等各种创新在内的综合性创新体系的出现,使整个社会呈现创新竞相迸发的局面,推动中国特色社会主义建设和全面建成小康社会再创新局面。

协调理念。"协调是持续健康发展的内在要求。"要从整体着眼、全局出发来把握协调的理念。协调理念要求我们要牢牢把握中国特色社会主义建设事业的总体布局,正确处理推进全面建成小康社会过程中的各种重大关系,做到协调发展,平衡发展。协调发展理念的重点区域在于促进城乡协调发展,促进经济与社会协调发展,促进新型工业化、信息化、城镇化以及农业现代化同步发展,共同进步。从国家层面来说,在增强国家硬实力的同时更注重提升国家软

---

① 《习近平谈治国理政》,外文出版社 2014 年版,第 59 页。
② 《人民日报》2015 年 7 月 20 日。

实力，努力增强中国特色社会主义发展和建设的整体性、协调性、平衡性。

绿色理念。"绿色是永续发展的必要条件和人民对美好生活追求的重要体现。"绿色发展理念是新时期新阶段进行中国特色社会主义建设和全面建成小康社会必须树立、贯彻和落实的理念。所谓绿色理念就是要在发展经济过程中，更加注重对环境的保护，更加注重减少废水、废气和废渣等的排放，使经济发展与环境良好相协调、相一致。做到既促进经济发展，又不以牺牲环境为代价，保护好生态环境。使人民既享受到物质发展的美好生活，又享受到碧水蓝天、空气清新、环境美好。为此，要坚持节约资源和保护环境相协调，坚持可持续发展，坚持走生产发展、生活富裕、生态良好的文明发展道路，推进建设资源节约型和环境友好型社会，全面建成人人共享的物质丰富、环境美好的小康社会，加快建设人与自然和谐发展的社会主义现代化国家。

开放理念。"开放是国家繁荣发展的必由之路。"开放是中国这只沉睡很久但现在已经醒来的狮子必须秉持的理念。久远的沉睡的梦里的那些闭关锁国、故步自封等理念需要我们尽快摒弃，进而确立起开放的理念，用来指导中国这只醒来的狮子的壮大行动。中国脱离世界太久了，只有重新以开放的姿态拥抱世界，才能够实现自我的脱胎换骨，浴火重生。秉持开放的理念，推动我国经济积极全方位融入世界经济发展的洪流，进而引导世界经济的潮流，是我们开放理念的目标追求。在这个过程中，要秉持互利共赢的理念，形成新一轮更高层次的开放战略，坚持内外需协调、进出口平衡、引进来和走出去并重、引资和引技引智并举，发展更高层次的开放型经济，推动我国尽快实现影响全世界的中国特色社会主义现代化国

第五章
实现中华民族伟大复兴的中国梦

家,进而彰显中国特色社会主义的旗帜、理论、制度和道路力量。

共享理念。"共享是中国特色社会主义的本质要求。"共享的发展理念是马克思主义科学社会主义对中国建设社会主义最基本的要求和体现。共享理念是建设中国特色社会主义、全面建成小康社会的必然选择和本质要求。发展为了谁?发展依靠谁?发展起来了以后巨大的成果干什么?这些基本问题是我们建设中国特色社会主义必须面对和回答的问题。建设中国特色社会主义、全面建成小康社会,必须坚持发展为了人民、发展依靠人民、发展成果由人民共享。说一千道一万,一句话,发展是为了让人民群众过上更加美好的生活。这就需要我们树立共享发展成果的理念,通过制度性安排,使全体人民在共建共享发展中有更多获得感、成就感、幸福感。习近平总书记指出:"中国共产党坚持执政为民,人民对美好生活的向往就是我们的奋斗目标。"① 因此,必须秉持共享理念,造福广大人民,彰显中国特色社会主义的本质。

(二)五大发展理念照亮了建设中国特色社会主义的新征程

五大发展理念是新时期中国发展的新的思想灵魂和理念精髓。恩格斯曾经指出:"任何哲学只不过是在思想上反映出来的时代内容。"② 同样的道理,五大发展理念也是我们新时期新阶段中国特色社会主义建设实践和全面建成小康社会对我们发展理念的新要求、新反映。理念无疑是一个时代的缩影,同时指导这个时代的社会实践活动。党的十八大以来,推进中国特色社会主义建设、全面建成

---

① 《习近平谈治国理政》,外文出版社2014年版,第101页。
② 《马克思恩格斯全集》第41卷,人民出版社1982年版,第211页。

小康社会的总任务要求我们要以新的理念来指导新的发展实践。五大发展理念正是在新时期中国特色现代化建设实践的基础上提出和形成的。这符合理论和实践的辩证关系原理。理论来源于实践，产生于实践，同时理论对实践具有指导作用。实践需要理论指导，能够丰富和深化理论，推动理论向前发展。以习近平同志为总书记的党中央正是深刻把握和运用了理论和实践的辩证关系原理，准确把握时代脉搏，在坚持和发展中国特色社会主义的基础上，善于进行理论创新，勇于进行实践探索，在不断加深对共产党执政规律、社会主义建设规律和人类社会发展规律全面把握的基础上，结合推进中国特色社会主义建设和全面建成小康社会的现实需要，提出和形成了五大发展理念。五大发展理念是新的历史时期以习近平为总书记的党中央治国理政的新理念、新思想、新战略，为我们全面建成小康社会、继续推进中国特色社会主义建设、最终实现中国梦提供了科学的理论指导和现实的行动指南。五大发展理念在现实性上体现为我们今后发展思路、发展方向、发展力点、发展基础等的高度概括，在特征方面具有战略性、纲领性、引领性、指导性等新特点，在本质意义上既深化了我们党对经济社会发展规律的新认识，又极大地丰富了中国化马克思主义理论的发展观。五大发展理念之间相互作用、相互贯通、相互促进、相辅相成，是一个内在关联的有机的理论综合体系，开拓了马克思主义发展观的新境界，为我们党带领全国人民夺取全面建成小康社会、实现中国梦的伟大胜利提供了强大的思想武器和理念动力。五大发展理念一经提出，就成为新时期社会主义建设的时代灯塔，照耀着我们建设社会主义、实现中华民族伟大复兴中国梦的光辉新征程。

第五章
实现中华民族伟大复兴的中国梦

（三）五大发展理念绘就了推进全面建成小康社会伟大蓝图

新时期新阶段，面对全面建成小康社会的艰巨任务，憧憬实现中华民族伟大复兴的中国梦，需要我们深入思考的发展问题很多。什么是发展、为什么发展、怎样发展，发展为了谁、发展依靠谁、发展成果由谁享有等等重大问题，是时代给我们理论和理念提出的新的挑战。站在时代的前列，党必须回答这些问题。五大发展理念正是深入思考和全面总结这些问题后郑重提出来的。五大发展理念丰富了我们对于中国特色社会主义经济发展规律的认识，描绘了未来几年我们推进全面建成小康社会的理念方法和现实图景。

理论是实践的先导，理念是思想理论的核心。五大发展理念是一个完整的有机体。在这个有机体中，创新是我们推进发展的基础战略理念，协调是我们推进发展的方法途径理念，绿色是我们推进发展的亮丽底色理念，开放是我们推进发展的战略格局理念，共享是我们推进发展的最终目标理念。"坚持创新发展、协调发展、绿色发展、开放发展、共享发展，是关系我国发展全局的一场深刻变革。"① 因此我们要全面把握由五大发展理念为我们谱写的开展全面建成小康社会的新的伟大篇章。在五大发展理念指导和引领下，这篇大文章书写了我们要把经济建设、政治建设、文化建设、社会建设、生态建设、党的建设等编织在纵横交错、齐头并进的大格局里面。五大发展理念已经把我们对全面建成小康社会由"五位一体"的发展建设理念，拓展为包括党的建设在内的"N位一体"的综合

---

① 《中国共产党第十八届中央委员会第五次全体会议文件汇编》，人民出版社2015年版，第32—33页。

建设蓝图。我们一定要清晰这个大思路、把握这个大格局，合力推进全面建成小康社会。五大发展理念将引领我们在建设中国特色社会主义道路上继续书写新的"中国传奇"，顺利实现全面建成小康社会，进而实现中华民族伟大复兴的中国梦，为人类社会的发展作出新的更大的贡献。

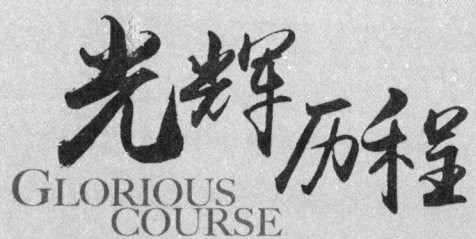

中国特色社会主义理论与实践
The Theory and Practice of Socialism with Chinese Characteristics

结束语

坚定中国特色社会主义信心

结束语　坚定中国特色社会主义信心

中国特色社会主义是马克思主义基本原理同中国实际和时代特征相结合的产物。正如习近平总书记所指出："中国特色社会主义，是科学社会主义理论逻辑和中国社会发展历史逻辑的辩证统一，是根植于中国大地、反映中国人民意愿、适应中国和时代发展进步要求的科学社会主义，是全面建成小康社会、加快推进社会主义现代化、实现中华民族伟大复兴的必由之路。"[①] 在中国，中国特色社会主义是凝聚党和广大人民群众团结奋进的伟大旗帜。旗帜问题尤其重要，旗帜就是方向，旗帜就是形象。中国特色社会主义伟大旗帜给我们指出的，就是要坚定不移地坚持走中国特色社会主义道路。中国特色社会主义道路是我们党把马克思主义基本原理同中国具体实际和时代特征相结合，在艰辛探索中成功开辟出来的一条能够实现国家富强、民族振兴、人民幸福的康庄大道。中国特色社会主义道路需要以中国特色社会主义理论体系为指导。中国特色社会主义理论体系是马克思主义中国化的最新成果，是坚持和发展中国特色社会主义的行动指南。中国特色社会主义理论体系来源于中国特色

[①]《习近平谈治国理政》，外文出版社2014年版，第21页。

社会主义制度实践。中国特色社会主义制度集中体现了中国特色社会主义的特点和优势，是当代中国发展进步的根本性制度保障。中国特色社会主义就是由道路、理论体系、制度三位一体构成的有机整体，是实践、理论和制度相结合的有机统一体。中国特色社会主义既把成功的实践上升为理论，又以正确的理论指导新的建设实践，还把实践中行之有效的方针政策，及时地确立为制度，这是一个良性的互动过程，最终凝聚在中国特色社会主义伟大旗帜之下。

新时期新阶段，我们要高举中国特色社会主义伟大旗帜，坚定对中国特色社会主义的道路自信、理论自信和制度自信，一句话，坚定对中国特色社会主义的信心。自信是一个国家，一个民族，一个政党对自身价值的充分肯定，对自身生命力的坚定信念。只有我们对自己的道路、理论、制度有坚定的信心，坚强的信念，我们才能够从容应对国际国内各种问题和风险考验。我们对中国特色社会主义的自信来源于我们30多年来改革开放的伟大实践以及这些实践带来的巨大成就。30多年来，中国以前所未有的速度发展起来，创造了一个又一个"中国奇迹"，中国的整体经济实力已经稳居世界第二位。中国人民以前所未有的速度富裕起来，中国人民的生活水平得到了大幅度提高，全世界几乎所有的国家都能够见到中国人的身影，全世界几乎所有的国家都能够找到"Made in China"的各种各样的产品。中国的综合国力以及国际地位也有了前所未有的提高，中国在世界上的影响力与日俱增。这所有的一切都源于我们始终坚定不移地高举中国特色社会主义伟大旗帜，坚持走中国特色社会主义道路。我们应该有对中国特色社会主义的道路自信、理论自信和制度自信，坚定我们对中国特色社会主义的信心。

中国特色社会主义是世界社会主义运动史上的一轮新的伟大日

结束语
坚定中国特色社会主义信心

出,这轮日出正冉冉上升。在今后发展建设的道路上,有中国特色社会主义伟大旗帜的正确引领,我们一定会全面建成小康社会,逐步把我国建设成为一个富强民主文明和谐的社会主义现代化国家,进而实现中华民族伟大复兴的中国梦。中国特色社会主义也必将成为人类文明的灯塔,照耀人类前进的方向,为人类社会向着更加美好的方向发展做出新的更大的贡献。

中国共产党人和中国人民有这个信心,中国特色社会主义,能!

参考文献

《马克思恩格斯全集》第 3 卷，人民出版社 1960 年版。
《马克思恩格斯全集》第 6 卷，人民出版社 1961 年版。
《马克思恩格斯全集》第 20 卷，人民出版社 1971 年版。
《马克思恩格斯全集》第 23 卷，人民出版社 1972 年版。
《马克思恩格斯全集》第 41 卷，人民出版社 1982 年版。
《马克思恩格斯全集》第 42 卷，人民出版社 1979 年版。
《马克思恩格斯文集》第 1 卷，人民出版社 2009 年版。
《马克思恩格斯文集》第 2 卷，人民出版社 2009 年版。
《马克思恩格斯文集》第 9 卷，人民出版社 2009 年版。
《马克思恩格斯文集》第 10 卷，人民出版社 2009 年版。
《马克思恩格斯选集》第 1 卷，人民出版社 1995 年版。
《马克思恩格斯选集》第 3 卷，人民出版社 1995 年版。
《马克思恩格斯选集》第 4 卷，人民出版社 1972 年版。
《列宁专题文集·论社会主义》，人民出版社 2009 年版。
《斯大林文集》，人民出版社 1985 年版。
《建国以来毛泽东文稿》第 4 卷，中央文献出版社 1993 年版。
《建国以来毛泽东文稿》第 6 卷，中央文献出版社 1993 年版。

参考文献

《建国以来毛泽东文稿》第 8 卷，中央文献出版社 1993 年版。

《毛泽东文集》第 7 卷，人民出版社 1999 年版。

《毛泽东文集》第 8 卷，人民出版社 1999 年版。

《毛泽东选集》第 2 卷，人民出版社 1991 年版。

《毛泽东选集》第 3 卷，人民出版社 1991 年版。

《毛泽东选集》第 4 卷，人民出版社 1991 年版。

《毛泽东选集》第 5 卷，人民出版社 1977 年版。

《邓小平文选》第 2 卷，人民出版社 1994 年版。

《邓小平文选》第 3 卷，人民出版社 1993 年版。

《江泽民文选》第 1 卷，人民出版社 2006 年版。

《江泽民文选》第 2 卷，人民出版社 2006 年版。

《江泽民文选》第 3 卷，人民出版社 2006 年版。

胡锦涛：《在"三个代表"重要思想理论研讨会上的讲话》，人民出版社 2003 年版。

胡锦涛：《高举中国特色社会主义伟大旗帜 为夺取全面建设小康社会新胜利而奋斗》，人民出版社 2007 年版。

胡锦涛：《坚定不移沿着中国特色社会主义道路前进 为全面建成小康社会而奋斗》，人民出版社 2012 年版。

《习近平谈治国理政》，外文出版社 2014 年版。

习近平：《在第十二届全国人民代表大会第一次会议上的讲话》，人民出版社 2013 年版。

《毛泽东著作选读》下，人民出版社 1986 版。

冷溶、汪作玲主编：《邓小平年谱（一九七五——一九九七）》上，中央文献出版社 2004 年版。

中共中央宣传部：《邓小平同志建设有中国特色社会主义理论学

习纲要》，学习出版社1995年版。

中共中央宣传部：《"三个代表"重要思想学习纲要》，学习出版社，2003年版。

中共中央宣传部：《中国特色社会主义学习读本》，学习出版社2013年版。

《中共中央关于加强党的执政能力建设的决定》，人民出版社2004年版。

《中共中央关于构建社会主义和谐社会若干重大问题的决定》，《人民日报》2006年10月19日。

《中国共产党第十六次全国代表大会文件汇编》，人民出版社2002年版。

《中国共产党第十八届中央委员会第五次全体会议文件汇编》，人民出版社2015年版。

本书编写组编：《胡锦涛同志"七一"讲话学习读本》，新华出版社2003年版。

《三中全会以来中央文献选编》上，人民出版社1982年版。

《三中全会以来中央文献选编》下，人民出版社1982年版。

《十六大以来重要文献选编》中，中央文献出版社2006年版。

《十八大以来重要文献选编》上，中央文献出版社2014年版。

《人民日报》2015年7月20日。

薄一波：《若干重大决策与事件的回顾》上，人民出版社1997年版。

龚育之、逄先知、石仲泉：《毛泽东读书生活》，生活·读书·新知三联书店1986年版。

山东大学等编：《空想社会主义学说史》，浙江人民出版社1981

年版。

李君如主编：《社会主义和谐社会论》，人民出版社 2005 年版。

贾建芳：《社会主义发展理论研究》，中国长安出版社 2003 年版。

本书编写组编：《构建社会主义和谐社会学习读本》，中央文献出版社 2005 年版。

赵曜、王伟光、鲁从明、蔡长水主编：《马克思列宁主义基本问题》，中共中央党校出版社 2001 年版。

丁元竹等：《建设健康和谐社会》，中国经济出版社 2005 年版。

袁贵仁、韩庆祥：《论人的全面发展》，广西人民出版社 2003 版。

胡绳主编：《中国共产党的七十年》，中共党史出版社 1991 年版。

龚育之：《从毛泽东到邓小平》，中共党史出版社 2002 年版。

江流：《社会主义论集》，中央文献出版社 2002 年版。

庄福龄主编：《简明马克思主义史》，人民出版社 1999 年版。

秦刚、刘海涛主编：《科学社会主义经典著作选介》，党建读物出版社 2000 年版。

秦刚、王军主编：《科学社会主义基本理论》，中共中央党校出版社 1998 年版。

赵曜、张式谷、秦德芬主编：《科学社会主义新论》，中央党校出版社 1999 年版。

赵曜、秦刚主编：《科学社会主义：从马克思到邓小平》，江苏人民出版社 1998 年版。

萧贵毓、张海燕主编：《社会主义思想史纲》，中共中央党校出版社1998年版。

《理论动态》编辑部编:《树立和落实科学发展观》,中共中央党校出版社,2004年版。

王伟光主编:《科学发展观干部读本》,中共中央党校出版社,2004年3月版。

逄先知、金冲及:《毛泽东传》(1949—1976),中央文献出版社2003年版。

吴家庆、蒋国海:《邓小平的社会主义观》,湖南师范大学出版社2002年版。

李永清:《邓小平理论发展研究》,中央文献出版社2000年版。

周作翰:《恩格斯的社会主义观》,湖南师范大学出版社2002年版。

王敏:《毛泽东的社会主义观》,湖南师范大学出版社2002年版。

商志晓:《邓小平:在马克思主义发展中》,中共中央党校出版社2000年版。

宋士昌:《从邓小平到江泽民》,山东人民出版社2002年版。

高放:《科学社会主义的理论与实践》,中国人民大学出版社1994年版。

李强:《农民工与中国社会分层》,社会科学文献出版社,2004年12月版。

梁周敏、衡彩霞:《新时期人民内部矛盾问题研究》,人民出版社2001年版。

《圣西门选集》上卷,商务印书馆1979年版。

《傅立叶选集》第2卷,商务印书馆1979年版。

参考文献

《傅立叶选集》第 3 卷，商务印书馆 1979 年版。

《欧文选集》，第 2 卷，商务印书馆 1981 年版。

〔美〕费正清：《伟大的中国革命（1800—1985 年）》，刘尊棋译，世界知识出版社 2003 年版。

〔美〕兹·布热津斯基：《大失败——二十世纪共产主义的兴亡》，军事科学院外国军事研究部译，军事科学出版社 1989 年版。

〔美〕亨利·基辛格：《世界秩序》，胡利平等译，中信出版社 2015 年版。

〔美〕亨利·基辛格：《论中国》，胡利平等译，中信出版社 2015 年版。

后 记

中国特色社会主义是我国目前和今后很长一段时期内社会主义建设理论与实践领域里最大的主题。全面总结和深入探讨中国特色社会主义理论与实践,对于我国正在进行着的社会主义现代化建设具有重大的理论意义和实践价值。

苏联模式曾经深远地影响了中国社会主义的选择和建设,在毛泽东同志探索中国社会主义建设20多年的历程当中,逐步形成的中国探索社会主义建设的宝贵经验,既是中国社会主义建设的深厚积淀,又成为我们进行中国特色社会主义建设的先声。继邓小平开创"有中国特色的社会主义"之后,中国特色社会主义建设事业一路高歌猛进,创造了一个又一个"中国奇迹"。"三个代表"重要思想、科学发展观稳步把中国特色社会主义推进到一个新的水平和更高的阶段。新时期新阶段,以习近平同志为总书记的党中央的治国理政战略思想,把中国特色社会主义推进到实现中华民族伟大复兴中国梦的历史阶段,这更是开启了中国特色社会主义建设事业的新的历史篇章。可以自信地预见,中国特色社会主义必将引领我国逐步实现中华民族伟大复兴的中国梦,最终推动我国成为一个富强、民主、文明、和谐的社会主义现代化国家。

后 记

本书试图对中国特色社会主义理论与实践进行一个较为全面的回顾和总结，客观上展现中国特色社会主义理论与实践的光辉历程。本书的成书得益于两个方面，一是实地调研，二是理论研究。

先说说实地调研。说到实地调研，在这里要特别感谢中国社会科学院实施的创新工程，创新工程为科研人员进行实地调研提供了便利的条件。为了撰写好本书，近年来在全国各地就"中国特色社会主义理论与实践"这一主题进行了大量的实地调查研究。调研的地点主要包括上海、青岛、厦门、宁波、济宁、廊坊、兴义、曲阜、泗水、平邑、陆川、小岗村等地，调研的单位涵盖了党政机关、党校、高等院校、大中小学、居委会、村委会等单位，调研的对象和内容为广大干部职工、公务员、教员、学员、大中小学师生、市民、村民等对中国特色社会主义的认知、落实、实践等情况。调研的方式方法包括座谈、面对面交流、谈话、走访、进村入户、专题访谈等形式。通过调研，较为清晰地了解到广大干部群众对中国特色社会主义的认知状况，为中国特色社会主义理论与实践铺设了一座沟通的桥梁，成为撰写本书的现实实践基础。

再说说理论研究。说到理论研究，在这里要特别感谢中国社会科学院马克思主义研究院为科研人员提供了优质的科学研究环境。窗明几净的办公室、现代化的科研条件、高速的网络通道、大量的专业理论书籍等为理论研究提供了良好的硬环境；舒心的领导和同事关系、张弛有度的工作管理机制、轻松愉快的理论研讨、浩如烟海的电子资源等为理论研究提供了愉悦的软环境。因此，潜心做好理论研究工作是人生的一件快事。中国特色社会主义理论与实践是从我攻读硕士学位时就一直专注的研究主题。一直以来愿意全身心投入到这项研究当中并有所收获。潜心、认真、工作并快乐着，就能做出成果，本书便是这种快乐理论研究工作的结果之一。

立足实地调研，潜心理论研究，这是本书得以完成的基点。

此刻的完成是彼时新的起点。工作也好生活也罢，行进着，快乐着，很重要。人生的快乐之一就是做自己爱做的事情。科学研究是我爱做的事情，我乐于研究中国特色社会主义。因此，我深爱着我自己的工作，愿意深情地全身心投入到科学研究这项事业当中去。完成，放下，继续新的开始，在新的起点上再度挥洒辛劳的汗水。诚如我在另一本书的后记中所言："我将继续以严谨认真的态度、甘于奉献的精神，为中国马克思主义研究事业作出自己的贡献。"在这里，我再度强调这句话。因为我觉得，这是我自己对待科学研究工作最基本的态度，也是我自己最真挚的情感。

科学研究是一场自我的内修，研究成果是这种内修的外化。每一步的前进都留下深深的足迹，每一项外化的研究成果都和足迹同在。抬头望天，俯首看路，向着明天继续义无反顾地出发。

沈阳

2015 年 11 月 11 日于北京

图书在版编目（CIP）数据

光辉历程：中国特色社会主义理论与实践/沈阳著.—北京：中央编译出版社，2015.12
ISBN 978-7-5117-2900-2

Ⅰ.①光…
Ⅱ.①沈…
Ⅲ.①中国特色社会主义－研究
Ⅳ.①D616

中国版本图书馆 CIP 数据核字（2015）第 309280 号

光辉历程：中国特色社会主义理论与实践

出 版 人：刘明清
出版统筹：董　巍
责任编辑：侯天保
责任印制：尹　珺
出版发行：中央编译出版社
地　　址：北京西城区车公庄大街乙 5 号鸿儒大厦 B 座（100044）
电　　话：（010）52612345（总编室）　　（010）52612339（编辑室）
　　　　　（010）52612316（发行部）　　（010）52612317（网络销售）
　　　　　（010）52612346（馆配部）　　（010）55626985（读者服务部）
传　　真：（010）66515838
经　　销：全国新华书店
印　　刷：北京时捷印刷有限公司
开　　本：787 毫米×1092 毫米　1/16
字　　数：162 千字
印　　张：14.25
版　　次：2015 年 12 月第 1 版第 1 次印刷
定　　价：55.00 元

网　　址：www.cctphome.com　　邮　箱：cctp@cctphome.com
新浪微博：@中央编译出版社　　微　信：中央编译出版社(ID: cctphome)
淘宝店铺：中央编译出版社直销店（http://shop108367160.taobao.com）　　（010）52612349

本社常年法律顾问：北京嘉润律师事务所律师　李敬伟　问小牛
凡有印装质量问题，本社负责调换，电话：（010）55626985